AF453243

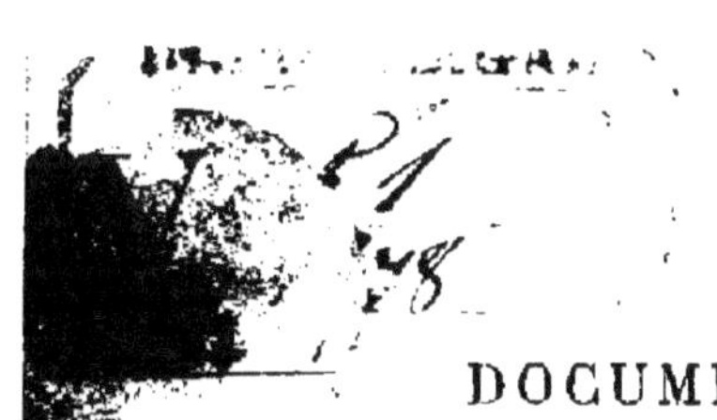

DOCUMENTS INÉDITS

SUR LES

FAÏENCES

CHARENTAISES

D'ANGOULÊME, — L'HOUMEAU
GARDE-ÉPÉE, SAINT-EUTROPE-DE-MONTMOREAU
ET COGNAC

SUIVIS DE

Quelques notes sur les faïenceries de la Charente-Inférieure

15 SUJETS EN COULEUR RETOUCHÉS A LA MAIN

PAR

RIS-PAQUOT

Artiste peintre, Officier d'Académie,
Membre et lauréat de plusieurs Sociétés savantes.

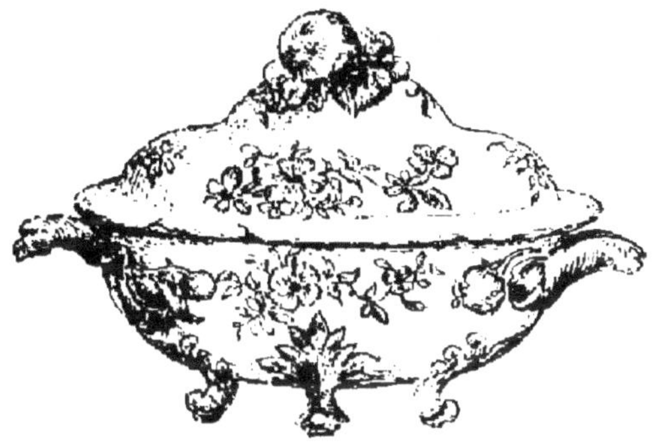

PARIS

AMIENS	PARIS
CHEZ L'AUTEUR	LIBRAIRIE RAPHAEL SIMON
126, RUE DE BEAUVAIS, 126.	9, QUAI VOLTAIRE, 9

M DCCC LXXXVIII

DOCUMENTS INÉDITS

SUR LES

FAÏENCES CHARENTAISES

LIBRAIRIE RAPHAEL SIMON, 9, QUAI VOLTAIRE, 9, PARIS

OUVRAGES DU MÊME AUTEUR :

Histoire des 120 costumes et types bretons, 1863, 2 vol. in-8. (Épuisé.)

Histoire des faïences de Rouen. Amiens. 1871, 1 vol. in-4, 60 planches en couleur retouchées à la main, avec fond, grand format. 26 cent. sur 27. (Tirage à 500 exemplaires numérotés.) Prix, 45 fr.

Manière de restaurer soi-même les faïences, porcelaines, cristaux, marbres, etc. 3e édition. Paris, 1876, imp. Lahure, 1 vol. in-12, 122 pages, avec planches en couleur, broché. Prix, 7 fr.

L'Art de restaurer les tableaux anciens et modernes, ainsi que les gravures, et de les entretenir en parfait état de conservation, suivi de conseils pratiques sur l'art de peindre, imp. Lenoel-Herouart. Amiens, 1872, 1 vol. in-12, avec planches, 214 pages. Prix, 7 fr.

Histoire générale de la faïence ancienne, française et étrangère, considérée dans son histoire, sa nature, ses formes et sa décoration; 200 planches en couleur, retouchées à la main, 4,400 marques et monogrammes, 2 vol. in-4 colombier, 40 cent. sur 30. Texte sur papier de Hollande, tête des chapitres et lettres ornées en rouge, 50 livraisons. Tirage à 305 exemplaires, signés et numérotés. Paris, imp. Lahure, 1874 et 1876. Prix, 300 fr. (L'ouvrage est entièrement terminé et paru.) La livr. 6 fr. On peut encore souscrire par livraisons.

Dictionnaire des marques et monogrammes des faïences, poteries, grés, terre de pipe, terre cuite, porcelaines, etc., anciennes et modernes, reproduites avec leurs couleurs naturelles. Ouvrage contenant 3,000 marques. 3e ÉDITION, 1 vol. in-12. Amiens, lith.-typ. G. Plaisant, 1874. Prix, 10 fr.

Manuel du Collectionneur de faïences anciennes, initiant les amateurs et les gens du monde à la connaissance rapide des faïences françaises et étrangères, 40 sujets en couleur, entièrement inédits, 286 dessins et monogrammes en noir dans le texte. Paris, 1877, imp.-typ. Lahure, 1 vol. in-8, cavalier. Prix, 25 fr.

Documents inédits sur les faïences charentaises : Angoulême, l'Houmeau, Garde-Epée, Saint-Eutrope-de-Montmoreau et Cognac. 15 sujets en couleur, retouchés à la main. Evreux, 1878, imp.-typ. Hérissey, 1 vol in-12. Prix, 9 fr.

Origine et priviléges de la Manufacture royale de porcelaine de Vincennes et de Sèvres, réédités d'après les arrêts du conseil d'Etat du 19 août 1753 et du 16 mai 1784, suivis de 345 marques et monogrammes avec leurs couleurs; préface, introduction et notes. Evreux, imp.-typ. Hérissey, 1878, 1 vol. in-12. Prix, 6 fr.

Pour paraître prochainement

La Céramique musicale. Histoire et recueil d'assiettes avec ariettes, couplets grivois, airs notés, etc. Ouvrage avec planches en couleur, retouchées à la main, d'après les anciennes fabriques de faïence des xviie, xviiie et xixe siècles. Tirage de luxe à 320 exemplaires numérotés. 1 vol. grand in-4.

Evreux, Ch. Hérissey, imp. — 778.

DOCUMENTS INÉDITS

SUR LES

FAIENCES

CHARENTAISES

D'ANGOULÊME, — L'HOUMEAU
GARDE-ÉPÉE, SAINT-EUTROPE-DE-MONTMOREAU
ET COGNAC

SUIVIS DE

Quelques notes sur les faïenceries de la Charente-Inférieure

15 SUJETS EN COULEUR RETOUCHÉS A LA MAIN

PAR

RIS-PAQUOT

Artiste peintre, Officier d'Académie,
Membre et lauréat de plusieurs Sociétés savantes.

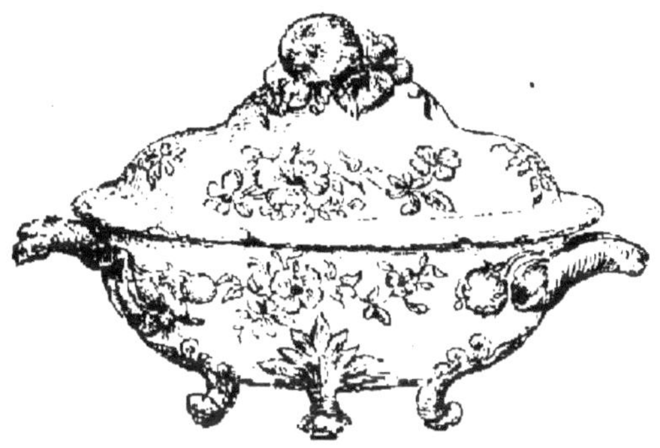

PARIS

AMIENS | PARIS

CHEZ L'AUTEUR | LIBRAIRIE RAPHAEL SIMON
126, RUE DE BEAUVAIS, 126. | 9, QUAI VOLTAIRE, 9

M DCCC LXXXIII

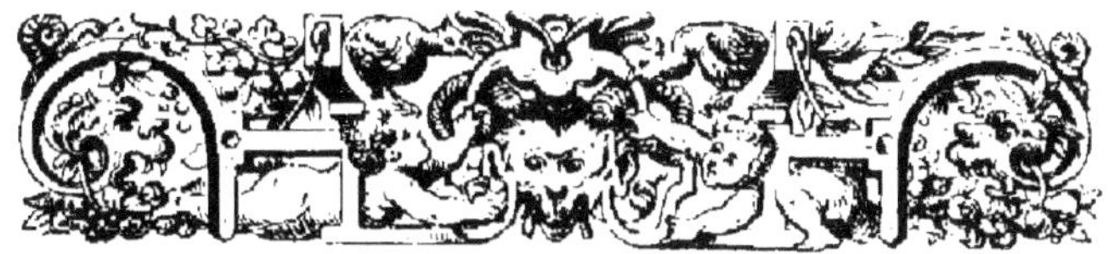

AU LECTEUR

'HISTOIRE *de la céramique à laquelle nous travaillons sans relâche depuis nombre d'années, tant par la publication d'une histoire générale de la faïence ancienne, française et étrangère, que par celle d'un manuel du collectionneur, et d'un dictionnaire des marques et monogrammes, des faïences, porcelaines, grès, etc., etc., ne peut se compléter et ne se complétera entièrement, d'une manière exacte et précise, que par l'apparition successive de monographies locales.*

Ce travail sérieux, cette étude ethnographique si importante de l'art céramique depuis si

1

longtemps réclamée par nous, a déjà rencontré pour différents centres de la France : Rouen, Nevers, Moustiers, Marseille, Sinceny, Lille, Saint-Amand, Valenciennes, Vron, Lyon, Montauban, Strasbourg, Quimper, Meillonas, l'Argonne, le sud-ouest de la France, et autres lieux, des écrivains spéciaux, des hommes de mérite et de talent, dont l'érudition profonde sur la matière a tracé, par la valeur incontestable de leurs œuvres, les premiers pas dans la science de l'archéologie céramique.

Qu'il nous soit permis, pour tenir nos lecteurs au courant des progrès accomplis, de joindre encore une fois notre nom à celui des hommes ayant le plus contribué, par leurs travaux particuliers, au développement de cet art nouveau, en venant nous-même, aujourd'hui, grâce aux renseignements précieux que nous a fournis M. le docteur Werner d'Angoulême, apporter une pierre de plus à l'édifice commun, en livrant au public amateur une monographie encore inédite, sur les faïences charentaises dont Angoulême, l'Houmeau, Garde-Épée, Saint-Eu-

trope de Montmoreau et Cognac, furent les principaux centres, et dont les produits, jusqu'à ce jour, sont encore complétement ignorés des chercheurs, des amateurs et des collectionneurs.

RIS-PAQUOT.

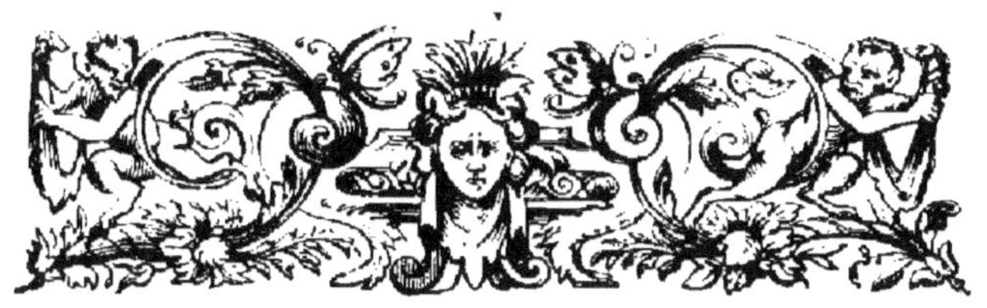

DOCUMENTS INÉDITS

FAÏENCES CHARENTAISES

CHAPITRE PREMIER

Origine.

EN remontant aux siècles les plus reculés, nous trouvons l'art du dessin; puis, plus tard, en pénétrant plus avant dans la civilisation moderne, l'art de la peinture unis ensemble, pour traduire d'une manière sensuelle et visible à l'œil l'expression d'une pensée à l'aide de traits, de lignes et de couleurs.

Ce moyen primitif employé par nos aïeux, pour graver dans la mémoire, par la vue même de l'objet, ce que la forme de la pensée écrite n'avait quelquefois que vaguement ou

imparfaitement dépeint, est encore en grand
usage de nos jours, et nous a semblé d'un
secours indispensable au complément des
études céramiques, pour lesquelles les descriptions, même les plus complètes, les
mieux définies, se ressemblent presque toutes,
et ne peuvent remplacer la plus élémentaire
des reproductions, ni donner une idée exacte
de la forme, du décor et de la couleur.

C'est donc pour nous renfermer dans cette
loi, pour ainsi dire fondamentale, que nous
avons toujours accompagné nos ouvrages de
nombreuses planches, et que, persévérant
dans la même idée, nous venons encore, dans
cette étude sur les fabriques de faïences charentaises, illustrer notre travail de quinze
types en couleur, dont la vue seule de nos
dessins suppléera à tout ce que notre plume
inhabile aura laissé d'incertain ou de vague
dans nos descriptions.

Bien que l'on ait beaucoup écrit depuis le
commencement de notre siècle sur l'histoire,
les usages, les coutumes et les mœurs des
habitants de la région de l'Ouest, on cherche-
rait vainement à trouver, dans les travaux
relatifs à la province de l'Angoumois, des
notions particulières concernant différentes
branches de son histoire locale, industrielle
et commerciale.

C'est à peine si, sauf quelques grandes

industries en renom, telles que : les fabriques de serges, les distilleries d'eau-de-vie, les papeteries, les fonderies et les forges, on a consacré quelques lignes aux autres fabriques, et en particulier à l'histoire de ces importantes faïenceries dont le souvenir tend de plus en plus à disparaître de la contrée, et qui bientôt, sans notre secours et les précieux renseignements de M. le docteur Werner, deviendraient un mythe pour les villes d'Angoulême, Cognac, Périgueux, Bordeaux et autres contrées qui, les premières, profitèrent et s'enrichirent du produit de leur trafic.

Pendant qu'il en est temps encore, avant que les petits et arrière-petits enfants, derniers survivants de ces obscurs et laborieux champions du travail, disparaissent à leur tour, emportant avec eux dans la nuit des temps un éternel secret, hâtons-nous de demander à leur mémoire les utiles renseignements qu'elle peut encore nous fournir, tant sur l'emplacement exact où furent situées ces fabriques, que sur les noms de leurs principaux directeurs, et enfin sur la nature et les différents genres de produits sortis de ces usines.

Ces faits établis, nous aurons, pour notre part, sauvé à tout jamais de l'oubli une industrie jadis si florissante dans cette contrée.

L'Angoumois, ancienne province de France,

forme aujourd'hui la plus grande partie du département de la Charente. Entouré de bois, de montagnes et de rochers, par sa situation pittoresque, ce département se prêtait à merveille à toutes les exigences de l'exploitation céramique : terre, bois, tout s'y trouvait en abondance pour les nécessités et la prospérité de cette fabrication.

La ville d'Angoulême elle-même, cette antique cité romaine, s'élevant en amphithéâtre sur les bords de la Charente, semblait prédestinée, par ses avantages naturels et les immenses ressources de sa navigation, à prêter un concours efficace à l'établissement de l'industrie faïencière.

Rien d'absolument authentique ne prouve l'existence de l'industrie céramique dans la Charente avant le xviiie siècle.

Cependant, on doit supposer, on doit admettre qu'on y a fabriqué des terres cuites brutes, vernissées ou émaillées longtemps avant cette époque ; en effet, l'exploration des refuges ou souterrains celtiques, les fouilles des sépultures gallo-romaines et du moyen âge y ont mis souvent à découvert une infinité de vases consacrés au culte de la divinité ou des morts.

C'est donc du commencement du xviiie siècle que datent les documents historiques de l'art céramique de la région.

Glot indique bien l'existence de faïenceries dans la Charente, mais il n'y joint aucun commentaire; elles semblaient donc vouées à l'oubli, quand, à l'occasion du concours régional de 1877, à Angoulême, une révélation pleine d'intérêt local se fit.

M. le Dr A. Werner, à Angoulême, exposa un groupe composé de faïences exclusivement charentaises, au nombre de 150, extraites de son importante collection ; l'authenticité n'était pas contestable ; les types autour desquels se rangeaient les similaires, étaient signés et datés, ou avaient été recueillis chez les arrière-enfants des anciens faïenciers de la Charente, conservateurs des vieilles traditions de la famille.

Aujourd'hui, le voile de l'oubli n'existe plus, et la Charente occupera désormais une place ethnologique céramique.

Nous devons à la bienveillante intervention de M. le Dr Werner les documents historiques qui vont suivre[1].

---

[1] La reproduction des types est due à M. Hippolyte Dubary, photographe à Angoulême. L'habileté de l'exécution nous a facilité dans nos études comparatives : qu'il en accepte le témoignage de notre reconnaissance.

Faïences Charentaises

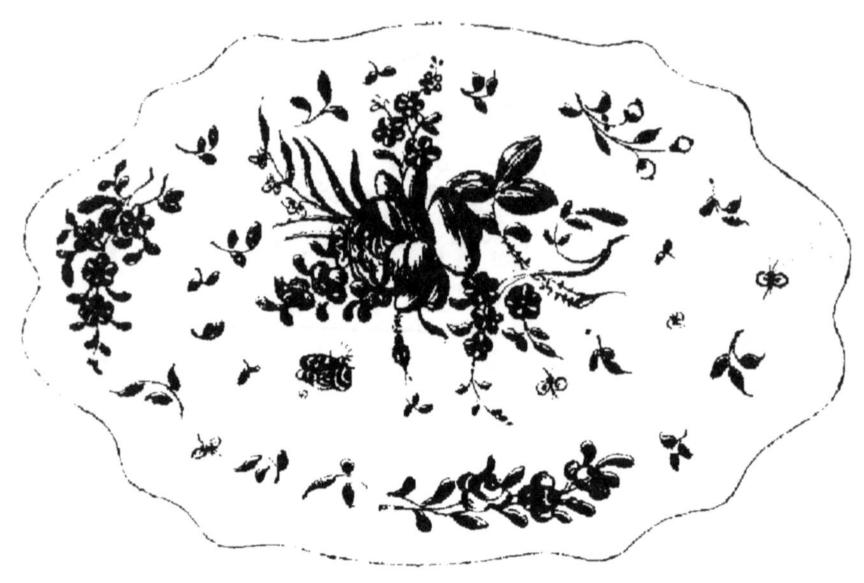

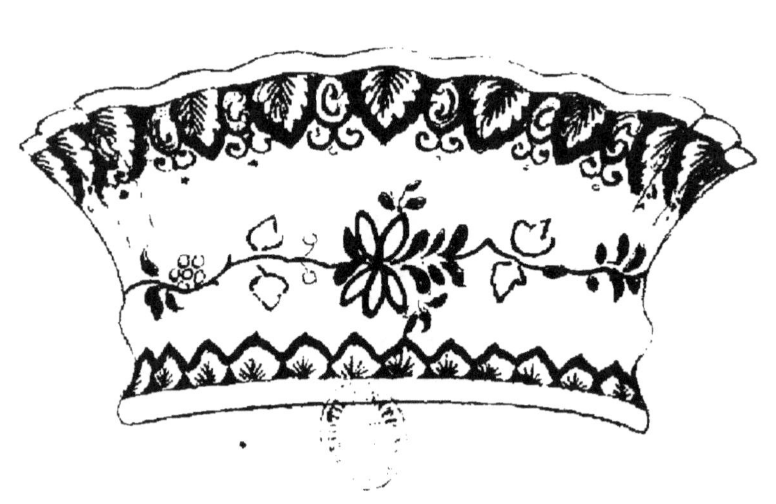

Coll^on. du D^r. WERNER

A ANGOULÊME

CHAPITRE II

Caractères généraux.

TERRE. — La terre plastique de la région existe à peu près partout : elle est ou gris-cendre, ou rouge-brique ; l'une et l'autre sont *silico-argileuses*. La terre rouge-brique est beaucoup plus réfractaire que la grise ; on les employait séparément ou associées, suivant l'usage auquel on les destinait. Ainsi, *la terre rouge-brique* s'appliquait à la confection des ustensiles culinaires. *La terre grise* servait et sert encore à la fabrication des buires, pots à eau, huiliers, etc., etc.

ÉMAIL. — L'émail est à base de plomb ou d'étain ; on les emploie seuls ou combinés.

Il est brillant et d'un blanc laiteux, adhérent
fortement à la pâte, et ne s'écaillant jamais ;
parfois quelques légères craquelures se font
seules sentir.

Formes. — Les formes des types locaux
usuels sont subordonnées à leur destination :
elles sont lourdes plutôt qu'élégantes.

Le fabricant, plus commerçant qu'artiste,
engobé (j'emprunte ce terme à l'atelier), engobé, dis-je, sous la routine, exerce son métier qui le fait vivre, et ne travaille pour l'art
qu'à l'occasion d'un événement mémorable,
un mariage, un baptème, une fète patronale ;
il profite avec joie de cette circonstance pour
donner un témoignage d'une sympathie à
laquelle n'est pas étrangère l'honnête satisfaction d'offrir un spécimen de son savoir-
faire.

Contours. — Les contours des plats, sala-
diers et assiettes sont festonnés ou réguliers :
l'épaisseur de la pâte manque de légèreté,
condition défavorable sans doute à l'effet de
l'ensemble, mais impérieusement imposée par
la nature de la matière qui, réduite à une
épaisseur trop svelte, est incapable de supporter la cuisson sans se gauchir.

Tous les produits céramiques de cette

époque ont été cuits au grand feu. On n'y a pas fait usage du feu de moufle [1].

Couleurs. — Les couleurs sont généralement le violet, le manganèse, l'ocre, le bleu, le vert et le rouge ; cependant cette dernière couleur n'est employée qu'exceptionnellement.

Décors. — Les décors représentent le plus souvent des fruits, des fleurs, des Chinois, des animaux, des paysages, le tout exécuté grossièrement et toujours avec des nuances invraisemblables.

Formes et décors imitatifs. — Les pièces inspirées par l'esprit d'imitation empruntent nécessairement à leurs modèles le style et les couleurs : le rouen, le moustiers, le nevers, sont les sujets des visées imitatives, et si elles ne sont pas à la hauteur de leurs congénères, ne doit-on pas l'attribuer à des circonstances défavorables et multiples, se rat-

---

[1] Récemment M. Chatenet, fabricant et artiste de goût et d'avenir, a fondé une faïencerie au moufle dont les produits rivalisent avec les bonnes époques italiennes, rouennaises, etc. La fabrication actuelle s'opère au moufle, le décor se fait sur cuit et par impression.

M. Chatenet est l'auteur de pièces fort remarquables, décorées de grisailles dont les nuances fondues avec une grande habileté picturale, semblent être une spécialité personnelle.

tachant à la matière première, à l'art et à la main-d'œuvre ?

Que de déceptions, en effet, ont dû éprouver les céramistes charentais, quand ils ont abordé les formes sveltes de Moustiers et les splendides décors polychromes de Nevers et de Rouen !

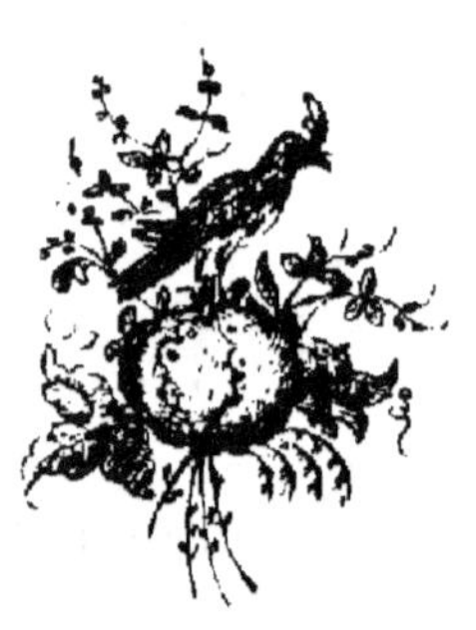

CHAPITRE III

Ordre chronologique des faïenceries de la Charente.

ANGOULÊME

LE faubourg l'Houmeau, d'Angou-lême, peut être considéré comme le berceau de l'art céramique de la Charente.

Dans le milieu du XVIIIᵉ siècle, il devint le siége d'une faïencerie importante fondée par un moine sécularisé de l'ordre des carmes, à l'Houmeau, nommé *L. Sazerac*, originaire du village des Roches, près de Saintes (Charente-Inférieure) [1].

---

[1] On a découvert dernièrement, dans les combles de cette ancienne faïencerie, trois plaques en faïence dont les longueurs réunies sont d'un mètre 50 et d'une largeur de 30 centimètres ; elles étaient, en principe, fixées sur la porte de l'usine, et portaient en suscription, en lettres romaines noires sur fond blanc : FAIENCE-RIE DE L. SAZERAC.

Cet établissement, favorisé par des franchises de combustibles et autres, a fonctionné jusqu'à ce jour sous la direction successive de *Sazerac* dit *Moulin*, de *Glaumoit-Sazerac*, de *Durandeau*, et de sa *veuve* qui le céda depuis quelques années à *M. Thomas*, propriétaire et fabricant actuel.

Ici, on ne peut que rendre hommage à l'industriel habile et à l'artiste de goût qui a contribué à la restauration des œuvres de nos vieux faïenciers, en les exhibant en grand nombre à l'exposition industrielle **1877** d'Angoulême.

Aujourd'hui, ces pièces justement appréciées sont passées entre les mains des collectionneurs et de quelques commerçants. On les reconnaîtra à une marque héraldique bleue représentant les armes d'Angoulême qui sont : « *d'azur, à une porte d'argent flanquée de deux tours crénelées du même, sommée d'une fleur de lis d'or* », et ont pour devise : « *Fortitudo mea civium fides.* »

Puisque nous venons de parler d'armoiries, signalons en passant : un lion héraldique d'une assez belle exécution, se trouvant dans la collection de M. le docteur A. Werner. Une des pattes de cet animal se trouve appuyée sur un écusson portant les armes de France : *d'azur semé de fleurs de lis d'or*. Sur le socle on lit : ANGOULÊME, *anno* **1770**.

Une autre pièce du même genre, datée de 1784, se trouve au musée de Limoges. Un lion assis soutient un écu aux armes de France ; sur la base on lit, en caractères romains : A ANGOULÊME, DE LA FABRIQUE DE MADAME V. S. D. ET F., 28 AOUT 1784 ; ce qui veut dire : De veuve Sazerac, Desrocher et fils.

Notre planche Ire, figure 1re, donne un spécimen de la fabrication de Sazerac dit Moulin, dont la fabrique était située au faubourg de l'Houmeau, à Angoulême. Ce plat peut servir de type pour classer toute une série de faïences charentaises d'un décor similaire.

La figure 2 de cette même planche nous montre une jardinière sortant des ateliers de Glaumoit-Sazerac. Son décor rappelle celui de Rouen et de Sinceny ; l'émail, d'une beauté remarquable, est appliqué sur une pâte d'une grande finesse.

La planche II, figure 1re, représente une écuelle dont le caractère décoratif, bien que se rapprochant du genre de Garive, en diffère sensiblement cependant. Une inscription, tracée au fond intérieur de cette écuelle, porte :

A Madame CHANTAL-MACHENAU,
à l'Houmeau, **1789.**

C'est donc à L. Sazerac qu'il faut attribuer cette pièce.

PINGUET ET JUCAUD

A COGNARD ET A SAINT-CYBARD (DE 1750 A 1848)

C'est de leurs ateliers que sortirent la plupart des pièces inspirées par les écoles de Rouen, de Nevers et de Moustiers.

Jucaud, associé de Pinguet, semble seul avoir abordé le côté artistique de l'industrie.

Avant d'habiter à Angoulême, Jucaud, de 1795 à 1815, a fabriqué de la faïence à Cognac. La plupart des pièces historiques de la région lui sont attribuées.

La première République, l'Empire et la Restauration ont passionné tour à tour le génie du décorateur sur lequel ont déteint les trophées emblématiques de la patrie du roi-chevalier.

Des tonneaux et des outils de tonnellerie décorent beaucoup de plats et d'assiettes vulgaires.

Deux pièces remarquables font partie de la collection de MM. Michel et Robellaz, à Lyon; elles sortent, comme nous l'indique leur signature, des ateliers de Cognac.

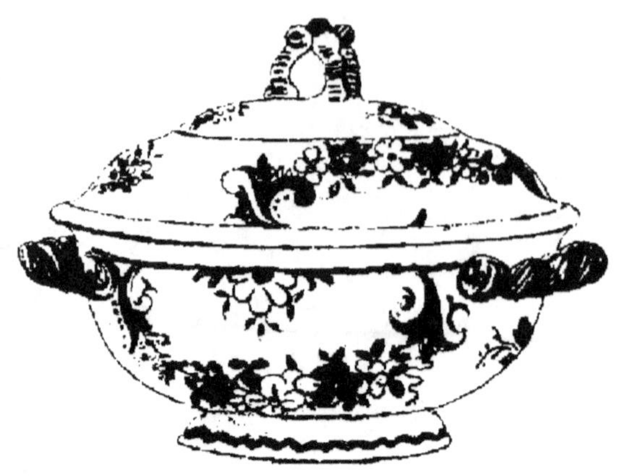

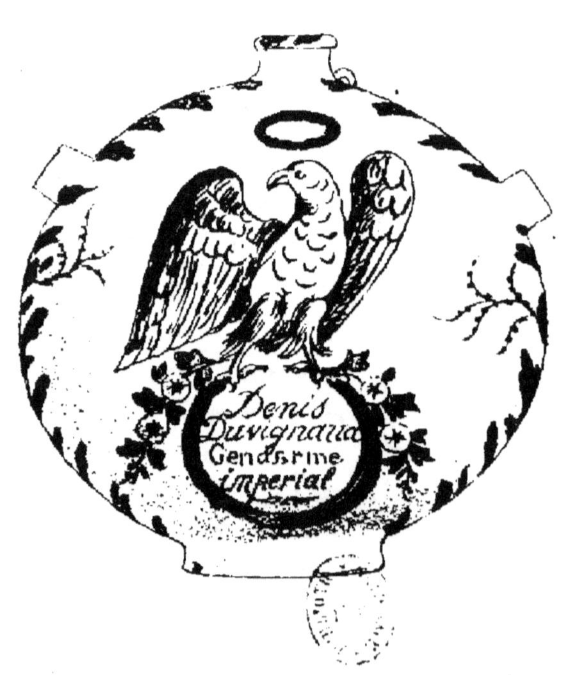

Coll.on du Dr. WERNER

A ANGOULÊME

La première est une gourde à quatre passants, de 0^m,14 de hauteur, ayant la forme d'un tonneau debout, légèrement aplati. Sur une des faces, entre les cercles simulés en relief, se trouve représenté un lion dans un paysage ; sur l'autre face un médaillon rond, d'où partent deux tiges entrelacées de chêne et laurier, et au centre duquel sont les deux initiales P et G. Les couleurs employées à la décoration sont : le vert, le jaune, le violet, le bleu et l'orange. A droite et à gauche du médaillon, on lit : FAIT A COGNAC, et au-dessous du médaillon : 17 FRUCTIDOR X. Signée au-dessous, en lettres cursives violettes :
Pierre Guichard, tourneur, fecit. Cal. Pinxit.

La seconde pièce est une petite gourde pour l'eau-de-vie, mesurant 0^m,07 de hauteur ; elle a la forme du fruit de la courge. Le décor consiste en cercles concentriques violets, avec quelques ornements en bleu et jaune. Vers le bas on lit, en lettres moitié cursives, moitié majuscules :

*Jean Guich*ARD, *de Cog*NAC.

Notre planche II, figure 2, représente une gourde de fabrication charentaise, que l'analogie du décor et des couleurs avec celles ci-dessus nous fait attribuer à l'atelier de Cognac.

L'aigle surmontant le médaillon dans lequel

est inscrit le nom du propriétaire DENIS DUVIGNAUD, gendarme impérial, nous en fait attribuer l'époque de la fabrication vers la fin de l'année 1804, année pendant laquelle un sénatus-consulte, en date du 10 mai, conférait à Bonaparte le titre d'Empereur des Français sous le nom de NAPOLÉON Ier.

« A cette époque », nous dit M. Champfleury, le savant historien des *Faïences patriotiques sous la Révolution*, « apparaît l'Aigle, seul, « sans légende. Aigle et foudre, c'est assez. « Dès lors, les fabriques du Nord et du « *Midi* travaillèrent à reproduire cet oiseau « symbolique ».

Parmi les spécimens sortis de l'atelier de Pinguet et Jucaud, à Saint-Cybard, nous offrirons à nos lecteurs la ravissante bouteille, mesurant 25 centimètres de hauteur, et que représente notre planche III, figure 1re. Comme on est à même de le voir, la richesse du décor ne le cède en rien aux plus belles productions normandes; et, sauf la couleur de la terre et quelques rehauts violets, au lieu d'être rouges (comme dans le rouen), la bouteille dédiée *à mademoiselle Françoise Taiteau, 1770*, passerait certainement pour une production rouennaise.

La figure 2 de la même planche, sortant du même atelier, ne se distingue du genre Moustiers que par le chatironnage en violet des contours de son dessin. C'est l'imitation du Moustiers rocaille dans toute sa splendeur, et tel que savent l'interpréter les décorateurs du midi de la France.

Notre planche IV, figure 1re, donne une idée des imitations du décor de Moustiers en camaïeu violet. Les Chinois, les grotesques de Callot, les oiseaux et les fleurs, tout se trouve réuni dans cette reproduction que, seuls, la couleur et le poids de la terre permettent de distinguer de l'original.

De l'atelier de Jucaud et de Pinguet sortit aussi l'assiette que représente la figure 2 de cette même planche, et dont le décor appartient aussi à l'école de Moustiers.

VEAUMORT ET NICOLET

FAÏENCIERS A L'HOUMEAU (1770 A 1850)

On ne connaît de ces deux associés que de la faïence commerciale et usuelle ; aucune pièce artistique ne paraît être sortie de cet atelier.

GARIVE

A ANGOULÊME ET A GARDE-ÉPÉE (1780 A 1815)

Garive, établi d'abord à Angoulême, puis à Garde-Epée, près Jarnac, dans la chapelle abbatiale de Châtres, sous le patronage de M. de Jarnac de Garde-Epée, encouragé dans ses goûts artistiques, en dehors de sa fabrication usuelle marchande, se livra à la confection et au décor d'une infinité de pièces, marquées au coin du bon goût et de l'originalité.

Tour à tour créateur et imitateur, Garive se maintint à la hauteur de la difficulté de l'imitation, ou du mérite du créateur. Jamais il n'a signé ses œuvres, dont beaucoup semblent être de commande.

Indépendant par caractère, on dirait qu'il se complut à se soustraire aux copies serviles des écoles de Rouen, de Moustiers, de Nevers, dont il ne reproduisit pas rigoureusement les couleurs, modifia même les formes, visant avant tout à la recherche de l'originalité, qu'il appliqua toujours avec bonheur.

Garive peut être considéré comme l'illustration de la région charentaise; son mérite est d'autant plus grand que de son temps l'industrie, privée des ressources de la chimie, ne procédait qu'en tâtonnant et au prix de grands sacrifices, se livrant à la recherche d'un but bien ardemment envié, mais entouré d'éventualités, de déceptions et de ruine.

L'ocre, le violet, le marron, le vert sont les couleurs favorites de Garive, dont le mérite gît surtout dans l'harmonie décorative.

Planche V, figure 2, nous donnons un spécimen du genre de la fabrication de Garive : c'est la corne d'abondance interprétée d'une façon toute nouvelle, enrichie d'un bouquet aux couleurs éclatantes, qu'un marly à grand ramage achève d'encadrer. C'est un véritable type de décoration imaginé par Garive.

La figure 1re de la même planche, dans une gamme de couleur plus sobre, dénote, comme forme, une réminiscence du Moustiers, et comme décor un souvenir de Montpellier et de Marseille. Des fruits, des anses et des pieds en hauts reliefs en complètent l'ornementation.

La planche VI, figures 1re et 2, sont des imitations de Moustiers, arrangées et modifiées par Garive.

La figure 1re, planche VII, est encore une interprétation historique de Garive. C'est une allusion à la liberté.

JUDE

FAUBOURG SAINT-CYBARD (1780 A 1850)

On ne connaît de lui que des pièces usuelles, décorées de paysages animés par des bergères à hauts talons et des bergers enrubannés dans le genre Wateau. Ce fabricant décorateur paraît avoir excellé dans la composition d'un rouge spécial carminé, aussi le prodigue-t-il dans ses œuvres.

NISSON

AU FAUBOURG LA BASSALTE D'ANGOULÊME (1780 A 1850)

Ce fabricant est peu connu ; il est l'auteur de deux lions accroupis, en faïence peinte, au quart de grandeur naturelle.

Faiences Charentaises

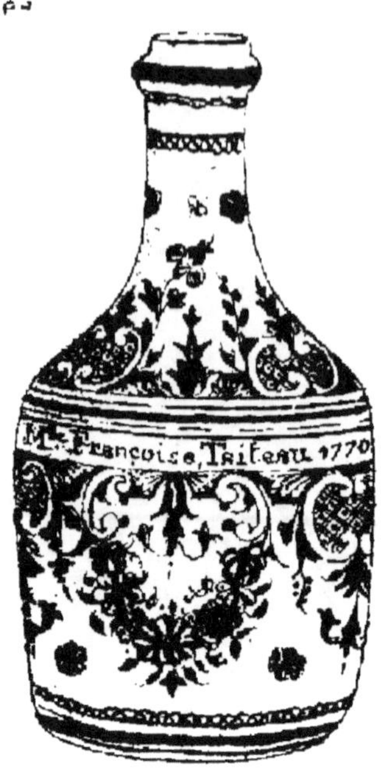

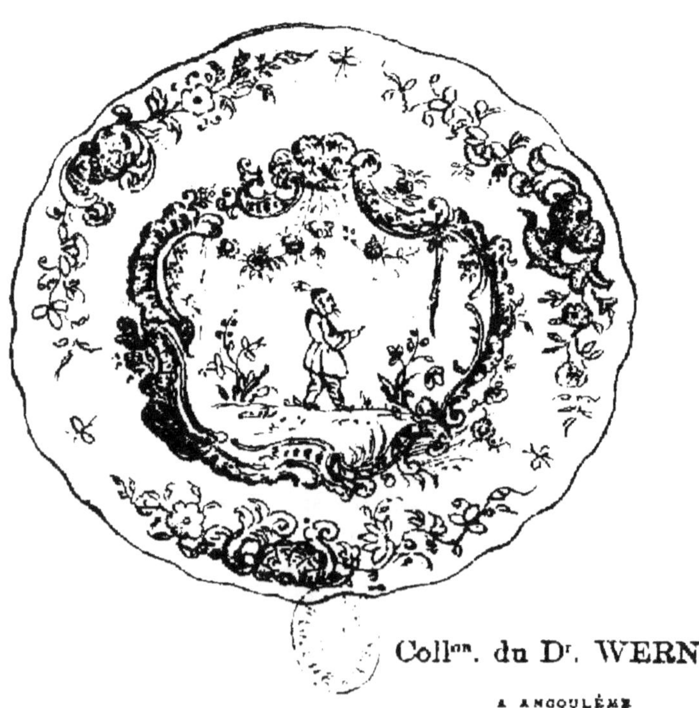

Coll^{on}. du D^r. WERNER

À ANGOULÊME

MOUCHARD

FAUBOURG SAINT-MARTIN, A ANGOULÊME (1809)

Peintre décorateur sur porcelaine. On ne connaît de lui que quelques tasses à café, signées : *Mouchard, à Saint-Martin, fecit 1809*.

Bien que cet artiste ne soit pas sans mérite, il est regrettable qu'il ait mis son talent à la reproduction de sujets que réprouve la décence.

———

En dehors des types que nous venons de signaler et de décrire dans cette notice, une infinité de pièces de faïence sont sorties des ateliers de la Charente. Bien que leur origine ne soit pas suffisamment établie pour les rattacher à un groupe plutôt qu'à un autre, il est bien avéré que par leur nature, leur forme et leurs couleurs, elles appartiennent cependant à la région.

Les sujets le plus souvent reproduits sont : 1° des vierges de dimensions diverses, de 10 à 40 centimètres; elles sont invariablement drapées de bleu constellé de jaune, sur une tunique jaune semée d'étoiles bleues; 2° des bénitiers dont le godet est soudé au bas d'une plaque plus ou moins festonnée ; le Christ y est représenté tantôt en relief, tantôt peint ; le brun, le violet, le bleu et le jaune y font assez grossièrement les frais du décor ; 3° des lions, des ours, etc., dans des proportions diverses, ont été faits et reproduits fréquemment ; ils étaient destinés à servir de montre ou d'enseigne aux marchands de faïence.

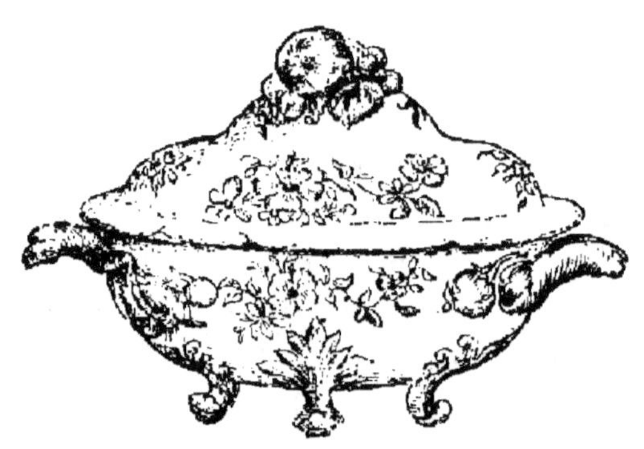

CHAPITRE IV

Cloche (pièce exceptionnelle).

Dans presque toutes les fabriques, l'intelligence, le savoir et la bonne humeur des ouvriers, surexcités soit par un sentiment intime d'amour-propre, ou par l'ambition de produire ce qu'ils appelaient vulgairement un chef-d'œuvre du métier, donna naissance à une foule de pièces uniques en leur genre, dont le mérite de l'exécution, joint à la rareté de l'objet, en font de nos jours, pour ceux échappés aux désastres des temps, de précieuses reliques, que les amateurs et les collectionneurs se disputent dans nos ventes publiques au poids de l'or de leurs enchères.

La fabrique de Delft eut ses cages à

oiseaux. Tous les collectionneurs et amateurs ont entendu parler de ses fameux violons de faïences. Toutes nos lectrices connaissent l'intéressant roman portant pour titre : *le Violon de faïence*, dû à la plume de notre spirituel romancier M. Champfleury.

On a pu admirer, au musée de Rouen, les deux magnifiques sphères monumentales sorties d'un atelier normand.

Nevers et bien d'autres centres eurent leurs chefs-d'œuvre.

Un potier parisien, du nom d'Olivier, offrait à la Convention un poêle monumental représentant la Bastille.

D'un atelier de Strasbourg sortait l'encrier offert à Eulogue Schneider, le terrible accusateur public dont les jugements furent souvent aussi noirs que l'encre qu'il contenait.

Enfin, qui s'en serait douté ? D'une petite localité céramique, hier encore ignorée ; d'une fabrique de la Charente, sortit aussi un véritable chef-d'œuvre, une merveille céramique s'il en fût : je veux parler d'une cloche ornée de son battant, et portant 0^m,35 de hauteur. Ce précieux spécimen fait partie de la collection de M. le docteur Werner, à Angoulême.

La limpidité de son timbre est pure comme l'usage auquel elle était dévolue : une tradition dit, en effet, qu'elle était destinée à appeler les religieuses d'une communauté de femmes au réfectoire. Cette cloche commence par se mettre sous le vocable du patron des faïenciers ; puis elle établit son origine et s'applique la devise du roi Soleil.

Elle poétise, dans deux médiocres quatrains, des conseils qu'on devrait toujours mettre en pratique, et des sentences inspirées par l'à-propos de la tempérance.

Antoine Padoue.

Fait à Angoulême, le 12 août mil sept cent cinquante-cinq.

Sceptrum tenente Ludovico XV, anno 1755, omnibus impar.

Anno 1775.

Sous un fatal marteau, ami, tu me réduis,
Pour un pressant besoin qu'on doit à la nature.
Sois sobre en ton manger et apprends que je suis
De la fin de tes jours la fidèle figure.

Ami, d'entre mes sœurs je suis la plus fragile,
Ainsi fais attention à me bien ménager ;
Ménage-toi aussi dans le boire et manger,
Pour que pendant longtemps je puisse être utile.

Le dessin planche VIII complète notre description et donne une idée de la forme de cette cloche et de la disposition des écritures la recouvrant. Les ornements sont en bleu et violet ; chaque ligne de l'inscription, tracée en violet manganèse, se trouve encadrée par un filet circulaire de même couleur.

CHAPITRE V

**Terres cuites de Saint-Eutrope-de-Montmoreau
(Charente).**

Sous cette dénomination sont groupées les terres cuites, brutes ou vernissées, de cette contrée.

Cette industrie semble remonter à une haute antiquité.

La commune de Saint-Eutrope recouvre un sol argilo-siliceux à fleur de terre. Ces heureuses dispositions géologiques y ont fixé, depuis des siècles, une tribu ouvrière dont presque tous les membres, alliés ou consanguins, constituent une grande famille qui, de père en fils, s'est livrée, jusqu'à ce jour, à la confection de ces grands vaisseaux à larges bords, à l'usage des buanderies, connus sous le nom de *ponnes*.

La pâte en est presque noire ; elle est exempte de tout émail ou vernis ; sa dureté se rapproche de celle du grès ; elle peut affûter les tranchants et possède une solidité à toute épreuve.

On a fabriqué également à Saint-Eutrope des bottes de faitage recouvertes d'un émail marron très-brillant, des buires et des bidons de diverses formes et dimensions ; le vernis en est très-solide ; ils servent à conserver l'huile ; ces bidons ou cruches présentent invariablement des nervures saillantes faisant fonction de cercles, destinés à en augmenter la solidité.

Elles ont généralement pour base un des côtés renflés de la barrique dont elles ont souvent la configuration ; des anses adaptées à droite et à gauche de la bonde, en facilitent le maniement.

C'est encore dans cette localité qu'ont été confectionnés des plats, des assiettes, des gîtes ou terrines à pâtés, presque toujours fleurdelisés sous mêmes nuances, en saillie, recouverts d'un émail marron, jaspé, blanc, flammé, cotonneux ou semé de flocons neigeux d'un effet particulier (pl. VII, fig. 2). Parfois cet émail offre des reflets métalliques ferrugineux. C'est à ce genre de fabrication qu'on donne encore aujourd'hui le nom de *caillou*.

Les plats et les assiettes sont, en général.

jaspés en dehors et en dedans; les autres ustensiles, dans lesquels la main de l'ouvrier
n'avait qu'un difficile accès, sont émaillés en
dedans.

Nous extrayons du *Dictionnaire universel
de la géographie commerçante* par J. Peuchet,
an VII, le document intéressant qui va suivre,
relatif aux poteries fabriquées à Saint-Eutrope
et que nous avons cru devoir présenter à nos
lecteurs.

« C'est à Saint-Eutrope, paroisse distante de
« cinq lieues d'Angoulème, et au Tastre près
« Raigne, dans le petit Augemois, à 8 lieues
« d'Angoulème, que se fabrique la poterie dont
« nous allons parler.

« Ce genre d'industrie est d'autant plus
« utile que les matières premières se trouvent
« sur les lieux, de sorte qu'un potier en ven-
« dant les pots de sa fabrique, ne vend en
« quelque façon que sa peine, car la terre se
« tire presque toute de la superficie du ter-
« rain qui entoure la paroisse sur un quart de
« lieu de circonférence, et les brandes qui
« servent à cuire la poterie, du moins la
« petite, se coupent dans les environs.

« Comme les travaux de la préparation de
« la terre, ainsi que ceux de la fabrication
« de la poterie, emportent un temps considé-
« rable, un potier ne peut faire dans le cou-

« rant d'une année que cent cinquante four-
« nées de moyennes et de petites poteries, et
« quatre fournées de grandes poteries.

« Chaque fournée contient cent vingt pièces
« principales de petites poteries, qui se vendent
« depuis six deniers jusqu'à trois sols, et
« même il y en a qui se paient quatre et six
« sols; en supposant que chaque pièce se
« vende un sol, l'une portant l'autre, les cent
« cinquante fournées produiront neuf cents
« francs.

« Les quatre fournées de ponnes et de oules,
« contenant environ vingt-cinq pièces cha-
« cune, et chaque pièce se vendant depuis
« deux francs jusqu'à quatre francs cinquante
« centimes, prix commun, produiront une
« somme de deux cent cinquante francs; ainsi
« un potier gagne dans le courant d'une année
« onze cent cinquante livres. »

Il faut communément soixante charrois de
terre à chaque potier; les charrois coûtent
1 franc; cet objet fait une avance annuelle de
60 francs.

Comme c'est de la brande que l'on emploie
à chauffer les fours, la consommation de bois,
par chaque fournée, ne va pas au-delà de
5 sols, ce qui fera à peu près 110 francs, à
quoi l'on peut ajouter la réparation annuelle
du four qui peut bien aller à 10 francs.

Le plomb nécessaire pour plomber la poterie ne peut être fixé au juste, parce que cela dépend de la quantité de pots qu'on vernit. Cependant plusieurs potiers ont assuré qu'il leur en fallait environ pour 120 francs par an.

Sur les 150 fournées on peut bien en déduire 10 pour les pertes provenant d'accidents ordinaires, soit de mauvaises cuissons, soit d'autres causes ; ceci doit passer en dépense et montera à la somme de 60 francs.

Si le potier n'a pas de famille en état de l'aider, il lui faut un ouvrier auquel il donne ordinairement 100 francs par an et la nourriture, ce qui fait bien une dépense de 200 francs.

Ainsi, en prenant la somme de tous ces objets de dépense qu'on vient d'indiquer, on aura 560 francs qui, déduits de 1,150 francs, laissent pour bénéfice net 590 francs à chaque potier.

On peut faire monter ceci à 600 francs, parce qu'on a mis les profits au plus bas, et les dépenses au plus haut prix.

On ne comprend pas ici les frais des transports de la marchandise dans les villes où elle se débite, parce que l'on n'a évalué la poterie que sur le prix qu'elle a à la fabrique.

D'après ces premières évaluations qu'on a faites, il paraît que tous les potiers de Saint-

Eutrope mettaient, avant la révolution dans l'état, un fonds d'industrie qui montait à 28,750 francs, et ceux du Tastre, qui ne font que les deux tiers des premiers, 18,000 francs : en tout 46,750 francs. On ne se tromperait pas beaucoup si l'on portait cet objet à 60,000 francs, parce que dans le calcul précédent on a évalué le tout au plus bas prix.

Il y a plusieurs marchands de poterie à Angoulême qui en débitent considérablement, et qui, avec peu de fonds, ne laissent pas d'en faire un commerce fort étendu.

La poterie de Saint-Eutrope se vend aussi à Périgueux, en Saintonge, à Bordeaux, et dans toutes les petites villes des provinces voisines.

Celle du Tastre se vend dans le bas Angoumois et à Bordeaux.

Faïences Charentaises

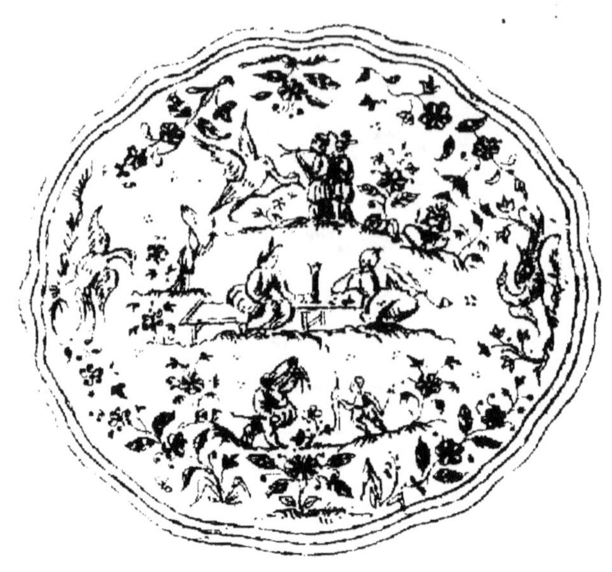

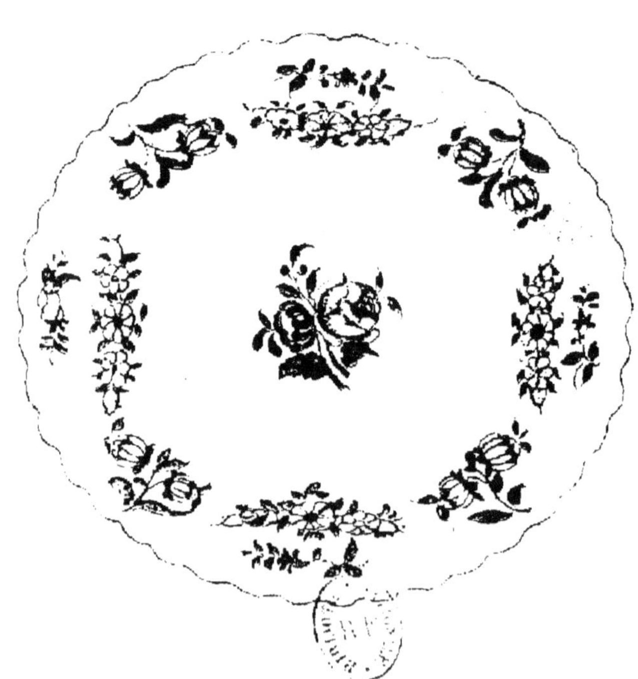

Coll^{on}. du Dr WERNER

CHAPITRE VI

Faïences de la Charente-Inférieure.

Le travail que nous venons d'entreprendre concernant les fabriques de
faïence de l'Angoumois, demeu-
rerait incomplet, et notre étude sur ces
produits manquerait d'unité, si nous n'en rap-
prochions ici ceux fabriqués dans les ateliers
d'un département voisin, celui de la Charente-
Inférieure qui, autrefois, faisait partie des
provinces de l'Angoumois et du Poitou.

Comme nos lecteurs ont été à même de
l'observer par la vue des quelques planches
que nous avons précédemment placées sous
leurs yeux, on remarque qu'en s'éloignant
des contrées froides et humides du Nord, de
cette nature forte et plantureuse communi-

quant à chaque objet une rusticité et une solidité en rapport avec les mœurs et la manière d'être des habitants, on remarque, disons-nous, qu'une métamorphose complète s'est opérée dans la nature même des produits, et que plus on pénètre avant dans la région de l'Ouest, plus les productions de ce pays empruntent à la richesse et au pittoresque de son sol des formes contournées et élégantes, ainsi que l'éclat de ses séduisantes couleurs.

La céramique elle aussi, cette humble production, confectionnée de la matière la plus commune, la terre, se ressentit une des premières de cette influence.

Aux galbes froids et sévères créés par les grandes écoles céramiques de Rouen et du nord de la France, dont une des principales beautés consiste dans la simplicité grandiose de la forme, ont succédé, dans la région de l'Ouest, des formes coquettes et maniérées, d'une légèreté de pâte révélant une certaine recherche vers l'élégance purement fantaisiste et mondaine : c'est, en un mot, le grand art sacrifié au profit de l'industrie.

On rechercherait en vain dans ces productions toutes ces compositions hardies, tous ces tons vifs et brillants que le décorateur du Nord jetait avec sûreté et à profusion sur l'émail cru et livrait au hasard du grand feu.

Dans les produits de la région de l'Ouest, rien de semblable ne s'offre à la vue ; les colorations mères, bleues, rouges et jaunes, des produits du Nord ont fait place à des couleurs d'une gamme tout aussi éclatante dans son genre, mais à coup sûr plus tranquille et plus douce, à des teintes plus harmonieuses et plus fondues, toutes remplies de suavité et de goût.

On se sent transporté dans un milieu plus avancé, dans un centre plus élevé, où les aspirations artistiques de l'art semblent se frayer une voie nouvelle à travers les intérêts purement matériels. C'est, en un mot, le décor au grand feu supplanté par celui au petit feu ou feu de réverbère, enrichissant l'émail déjà cuit de ses harmonieuses demi-teintes et de toute la richesse de couleur due à la palette du peintre céramiste. Pour terminer, si la métaphore nous était permise, nous affirmerions ici hautement que l'observateur fin et délicat pourrait facilement établir un parallèle entre ces deux genres de céramiques, et après leur examen, définir sans grande difficulté la manière d'être et la nature des habitants de ces deux régions, tant leurs productions sont opposées, et tant il est vrai et avéré que les mœurs et le caractère des différents peuples, des différentes contrées, se dépeignent et se reflètent dans leurs œuvres.

SAINTES (CHARENTE-INFÉRIEURE).

La ville de Saintes, que la fabrication artistique des poteries de Bernard Palissy a rendue célèbre, était déjà, vers **1500**, en possession d'une fabrication courante de terres cuites sigillées recouvertes d'un vernis plombique vert de cuivre, rappelant assez certaines faïences de Nuremberg.

Un plat du musée de Sèvres, un à Cluny et l'autre dans la collection du baron de Rothschild portant le millésime **1511** et la signature du potier MASSÉ, confirment ce fait.

La Renaissance française, qui pour la céramique date du seizième siècle, fut pour notre pays l'aurore des temps modernes, et son apparition se révéla grandiose et éclatante dans les œuvres d'un de ses enfants, l'illustre Palissy, à la mémoire duquel nous ne pouvons nous empêcher de rendre hommage, en esquissant à grands traits les principaux passages de sa vie militante et si terriblement éprouvée, dont la majeure partie eut pour théâtre de ses exploits la ville de Saintes (Charente-Inférieure).

Ses premiers essais, comme il l'indique lui-même dans ses écrits, remontent à **1520** et à

1543 ; mais il ne commença à obtenir réellement, selon lui, de résultats satisfaisants qu'en **1565**.

CARACTÈRES GÉNÉRAUX DES FAÏENCES DE PALISSY.

Pâte. — La pâte constituant les faïences de Palissy est d'un blanc tirant sur le jaune grisâtre pâle. Comme dureté cette terre présente à peu près les mêmes caractères que la terre de pipe ; de plus, elle est imperméable et infusible.

Formes. — Les formes par elles-mêmes (c'est-à-dire la pièce dépourvue de son ornementation) en sont belles, leur décoration en relief achève de leur donner la grâce que nous leur connaissons.

Émail. — L'émail en est dur, difficile même à rayer avec un outil d'acier. Sans être pur, il est cependant éclatant, mais parsemé de petites tressaillures.

Décors. — Les décors, en relief, sont très-variés de formes et de couleurs. Ces ornements sont presque entièrement moulés sur nature, et empruntés à l'histoire naturelle, au règne des végétaux, des mollusques, des cétacés, des reptiles, etc., ce qui leur valut le nom de *Pièces rustiques*.

Couleur. — Le travail artistique de la couleur réside entièrement dans l'opposition des teintes plates ou nuances posées sur ces divers ornements en relief, dans les tons de la nature, auxquels le jeu de la lumière communique seul toute la puissance et la valeur.

Les couleurs le plus fréquemment employées sont : le jaune clair, le jaune d'ocre, le bleu indigo, le bleu grisâtre, le vert émeraude ou vert de cuivre, le vert jaune, le violet et le brun violet.

CARACTÈRES PARTICULIERS.

A ces caractères généraux que quelques-unes des œuvres de la suite de Palissy ont conservés, se joignent les caractères particuliers suivants, propres aux faïences de Palissy :

1° La proscription complète des émaux rouge et noir;

2° L'absence des tons blancs qu'il ne peut jamais atteindre complétement;

3° Le revers moucheté de ses plats, présentant seulement deux ou trois couleurs disposées en marbrures glacées de bleu, de jaune, et de brun violet.

Les plus belles pièces de son œuvre se trouvent notamment dans les musées de Sèvres, du Louvre et de Cluny; dans les collections particulières de MM. les barons Gustave, Alphonse et James de Rothschild; la collection de M. Octave Petit, à Arras; les musées de South-Kensington et le British-Museum en Angleterre.

Au nombre des imitations de Palissy se fabriquant de nos jours et se rapprochant le plus des œuvres du grand maître, il faut citer les produits de M. Aviso, à Tours; de MM. Barbizet et Parviller, à Paris; G. Pull, à Paris; Minton à Stoke, et Trent en Angleterre.

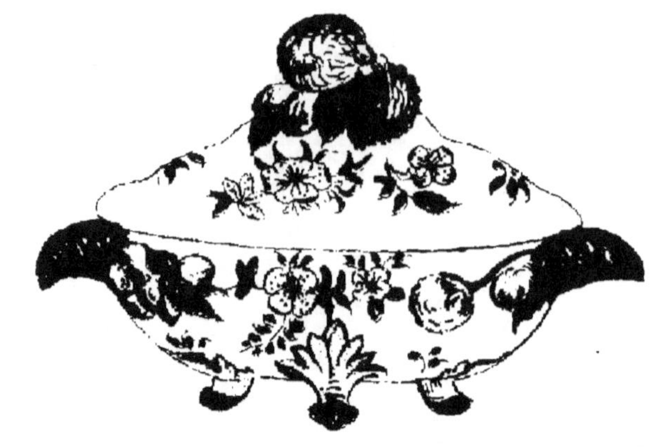

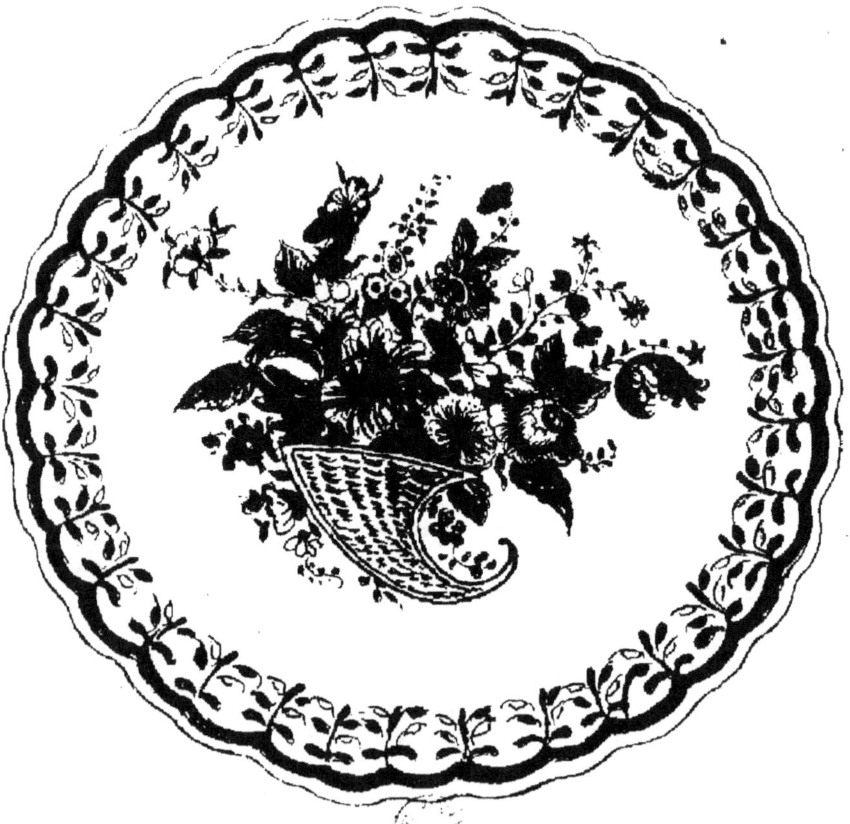

Coll^{on}. du D. WERNER

À ANGOULÊME

CHAPITRE VII

Bernard Palissy. — Sa vie. — Ses œuvres

E fut à une âme virile et fière, à un
de ces cerveaux fortement trempés,
que l'époque de la Renaissance
dut ses premiers succès dans l'art céramique, utilisé au profit de l'industrie. Fils de
ses œuvres, Bernard Palissy a été un de ces
hommes pour lesquels la postérité n'a pas
besoin d'attendre que le linceul funéraire ait
enveloppé la matière, et que la froide pierre
du sépulcre recouvre les restes inanimés de
la créature. La vie de cet homme de cœur ne
fut qu'une lutte perpétuelle entre l'intelligence
et la volonté. Grand par son génie, son âme
sublime s'éleva, par son travail, au premier
rang des artistes les plus éminents de son

siècle. De son vivant commença, pour lui, la postérité. Confiant en lui-même, fort de ses propres forces, il put supporter les plus rudes épreuves , poursuivre opiniâtrement le but qu'il s'était proposé.

Si ses découvertes furent l'idéal, le rêve caressé de sa vie laborieuse et militante, elles furent aussi la cause de ses revers, de ses peines et de ses souffrances. Doué de cette organisation supérieure qui permet à l'homme d'embrasser en même temps toutes les branches des connaissances humaines, Bernard Palissy observa et interrogea la nature dans ses moindres détails. Par l'étude, il en approfondit les admirables lois, dont il exposa plusieurs fois, durant sa longue carrière, les diverses théories devant les plus savants docteurs, philosophes et géologues de la capitale. Ses écrits nous montrent jusqu'à quel point son esprit clairvoyant et perspicace a poussé ses investigations et ses recherches dans les sciences naturelles.

Pauvreté empêche les bons esprits de parvenir. Telle a été la devise décourageante arborée par celui dont la seule ambition fut, tout en se rendant utile à son pays, d'assurer un avenir prospère à sa famille.

Ce n'est qu'en consultant les écrits de

Pierre de l'Estoile [1], grand audiencier de la chancellerie de France, que l'on parvient à fixer d'une manière certaine la date de la naissance de Bernard Palissy, époque qui remonte vers 1510, comme nous l'apprend cet ancien ami du grand maître, qui l'avait « *aimé et soulagé en sa nécessité* » [2].

Quant au lieu de sa naissance, il est toujours resté enseveli dans le domaine des conjectures. Aussi nous abstiendrons-nous de citer un nom plutôt qu'un autre. Palissy lui-même a été muet à cet égard. Cependant, en tenant compte du langage qu'il employa dans ses écrits, tout nous porte à croire qu'il dut naître et habiter, dès son jeune âge, en Saintonge. Son style, empreint d'une coloration toute particulière, reflète en lui-même le cachet de sa nationalité ; on y reconnaît la langue naturelle du pays, celle qui dut bercer son enfance et dont il balbutia les premiers mots.

Issu d'une famille d'artisans [3], son éducation, fort simple, se borna à apprendre à lire et à écrire, connaissances rares pour le sei-

---

[1] Comme reconnaissance de bienfaits reçus, Bernard Palissy, en mourant, laissa en souvenir, à son ami Pierre de l'Estoile, une grande partie de sa collection de minéraux.

[2] Voir l'*Art de terre*, par Bernard Palissy.

[3] Quelques auteurs prétendent que Bernard Palissy fut anobli et porta le nom de Bernard de Palissy ; mais ils ignorent qu'il

zième siècle, et ne s'enseignant que dans les grandes villes. Animé du désir de parvenir, aidé de quelques conseils, il se livra, de lui-même, à l'étude du dessin, puis à celle des mathématiques et de la géométrie : sciences dont il apprit les premiers éléments qui lui permirent, plus tard, d'embrasser la profession d'arpenteur. A ce métier peu lucratif, il fut obligé d'en adjoindre un autre avec lequel il put gagner assez pour subvenir à ses besoins matériels et accroître ses connaissances scientifiques. Ses dispositions naturelles pour le dessin tournèrent bientôt ses vues vers l'état de peintre-verrier qui, à cette époque, était un véritable métier d'art, dont les attributions consistaient dans la coupe du verre, sa coloration et son assemblage, pour arriver à former ces superbes tableaux transparents que la lumière anime et vivifie : travaux qui furent la gloire et la richesse des églises du moyen âge.

Après de nombreux voyages dans les principales provinces de la France, de la Flandre et des bords du Rhin, Bernard Palissy revint à Saintes, vers 1539, où il se fixa et se maria ; on présume qu'il habita le faubourg des Ro-

était huguenot, et qu'au lendemain de la Saint-Barthélemy, presque au moment de la Ligue, on ne pouvait anoblir un protestant. De plus, l'édit de Blois (1576) mettait obstacle aux anoblissements par l'achat des fiefs et les assujettissait à des lettres patentes royales.

ches, puis, plus tard, le quai des Recollets [1],
et la tour appelée vulgairement la tour du
Bourreau.

Ce fut cette même tour qui reçut le nom
de maître Bernard. Pendant les premiers moments de son séjour à Saintes, il s'occupa de
son métier de peintre-verrier et d'arpenteur;
mais, surchargé de famille, il luttait pénible-
ment contre la misère imminente allant bientôt l'assaillir. Préoccupé de l'avenir, méditant
de longues heures, il cherchait une nouvelle
industrie qui lui permît de suffire aux besoins
croissants de sa maison, et de mettre ses enfants à l'abri du besoin, quand, par le plus
grand des hasards, vers 1539 ou 1540, une
coupe de terre émaillée, peut-être en faïence
d'Oiron dont le château était peu éloigné de
Saintes, tomba entre ses mains. La beauté de
cet objet nouveau, inconnu jusque-là pour
notre savant, fit tressaillir son cœur; l'œil
enflammé, il la tourna et retourna sur tous
les sens : une idée subite avait traversé son
cerveau. Émail! gloire ! honneurs ! richesse !
tout s'y confondait à la fois. Dès ce moment
suprème, il avait conçu la pensée de cet art
qui devait avoir une influence décisive sur le
reste de sa vie. « *Suyuent la requeste, sachés*
« (dit-il dans son *Art de terre*), *qu'il y a vingt*

---

[1] Registre des délibérations de janvier 1576 à décembre 1589,
serie B B 7. (Saintes.)

« *et cinq ans passe qu'il me fust monstré vne*
« *coupe de terre tournée et émaillée dune telle*
« *beauté que deslors ientray en dispute auec*
« *ma propre pensée, en me remémorant plu-*
« *sieurs propos qu'aucuns m'auoient tenus en*
« *se mocquant de moy, lorsque ie peindois les*
« *images. Or voyant que l'on commençoit à les*
« *délaisser au pays de mon habitation, ainsi*
« *que la vitrerie nauoit pas grande requeste ie*
« *vay penser que si iavois trouué l'inuention de*
« *faire des esmaux ie pourrois faire des vais-*
« *seaux de terre et autre chose de belle ordon-*
« *nance, parce que Dieu m'auoit donné d'en-*
« *tendre quelque chose de la pourtraiture ; et*
« *deslors, sans auoir esgard que ie n'auois nulle*
« *connoissance des terres argileuses, ie me mis*
« *à chercher les esmaux comme un homme qui*
« *taste en ténèbres* [1]. » De quelle provenance
était cette coupe? On l'ignore encore aujour-
d'hui. Les savants sont en désaccord à son
sujet : les uns l'attribuent à l'Italie ; d'autres,
au nombre desquels nous citerons l'honorable
et savant M. Riocreux, l'ancien conservateur
du musée de Sèvres, prétendent qu'elle était
plutôt de fabrication allemande datant du
commencement du seizième siècle. Cette opi-
nion est appuyée par M. Brongniart, dans son
traité sur les arts céramiques.

---

[1] *Art de terre.* Discours admirable.

Quant à nous, nous pourrions aussi émettre
l'avis que cette coupe, de provenance italienne,
avait pu lui être communiquée, soit par la
famille des Gouffier qui avaient fait les guerres
d'Italie, et avaient proposé d'entretenir à ses
frais, à Venise, une légion de dix mille hommes
armés et équipés, comme nous avons eu l'occasion de le citer dans notre histoire générale
des faïences anciennes françaises et étrangères
en parlant des faïences d'Oiron ; ou bien encore qu'elle lui avait été montrée dans l'illustre maison des Montmorency, ou par Louis de
la Trémouille, vicomte de Thouars, un de ses
plus puissants protecteurs en 1543, chez lequel
les objets d'art se trouvaient en grande quantité, par suite des rapports journaliers que ces
familles avaient avec l'Italie. Pour un homme
comme Palissy, la détermination qu'il avait
prise était inébranlable. Bien que ne con-
naissant pas la composition des émaux, il n'en
persista pas moins dans sa résolution. Se met-
tant aussitôt à l'œuvre « *comme un homme qui
taste en ténèbres* », son temps dès lors se passa
dans l'étude et la pratique de son nouvel art :
apprenant à connaître, à pétrir l'argile nécessaire pour confectionner des vaisseaux devant
servir à recevoir les diverses drogues pilées et
broyées qu'il allait essayer. N'ayant aucune
idée de l'émail, de sa composition et de sa
fusibilité, il fut obligé de recourir à de nom-

breux essais, avant même d'obtenir le moindre résultat. Cependant, il est à présumer que, comme peintre-verrier, ce profond observateur devait connaître à fond la fabrication du verre, même dans ses moindres détails. En outre, ses voyages dans le Limousin avaient dû lui permettre d'observer et de remarquer le travail si justement renommé de ces émailleurs, dont la profession avait, sur bien des points, un lien presque intime de parenté avec la sienne ; de plus, cet homme, avide de science, n'avait pas manqué probablement l'occasion de s'enquérir des matières et des procédés employés pour cet art. Il est inadmissible que, comme le pensent certains auteurs, cette intelligence d'élite, ce scrutateur infatigable se fût contenté d'exercer un métier sans posséder à fond tous les secrets qui en dépendent. C'est chose matériellement impossible, surtout pour cette époque où la chimie était encore presque ignorée, où tout ne s'obtenait que par tâtonnements. Ce maître n'était-il pas obligé, du reste, de connaître parfaitement les matières et les différents degrés de fusibilité des couleurs qu'il employait à la confection de ses vitraux, ainsi que les réactions chimiques qui devaient s'opérer à la cuisson, sur telle ou telle couleur?

Nous ne pouvons, par conséquent, admettre que Palissy fut complétement étranger aux

connaissances nécessaires dans cet art, tant
sur la nature première des substances [1] à employer pour composer un enduit fusible, que
sur la construction d'un four et la manière de
le diriger pour la cuisson. Seulement, nous
croyons volontiers et nous pouvons affirmer
hautement que la cause principale de ses insuccès, ainsi que ce qui lui occasionna le plus
de tracas, fut la difficulté de trouver le dosage
et la combinaison des différentes matières
entre elles; puis aussi la conduite du feu, le
degré de chaleur nécessaire à la fusibilité des
différents émaux qu'il préparait.

Voilà donc notre artisan aux prises avec la
matière, se confectionnant un four, broyant
lui-même ses émaux, en recouvrant plus de
cent fragments de vases achetés à une poterie
voisine; cuisant cette multitude de tessons
enduits chacun d'une composition différente,
dont la réussite d'un seul doit suffire à l'éclai-
rer, à le mettre sur la voie de la précieuse découverte si ardemment désirée. Mais, ô première et cruelle déception! aussitôt le feu
cessé, il s'aperçoit qu'aucune des substances
ne s'est fondue. Sans aucun repos, se remet-
tant de suite à l'œuvre, il entasse ainsi fournées sur fournées et n'obtient aucun résultat

---

[1] La pierre du Périgord, qu'il employa pour la composition de
son émail, servait aussi aux peintres-verriers. C'est une véritable
manganèse, noire, pesante et compacte.

satisfaisant ; prodiguant, dans ce pénible labeur, ses veilles, son argent et sa santé, s'im-
posant même de cruelles privations pour
n'aboutir, hélas ! qu'à de nouvelles et de plus
amères déceptions. Attribuant alors son insuccès à la construction de son four, il eut recours
à celui d'un potier de la Chapelle-des-Pots,
petit village situé tout près de Saintes. Pré-
parant alors d'autres matériaux, il fait encore
plusieurs expériences dont les résultats néga-
tifs ne sont pas plus heureux que les précé-
dents. Ces tâtonnements infructueux, ayant
absorbé le peu de pécule qui lui restait pour
nourrir sa famille ; sa femme, en larmes, le
supplie de reprendre les travaux qui, jusqu'a-
lors, leur avaient procuré une existence douce
et paisible, le conjurant d'abandonner cette
chimère, ce rêve insensé devant fatalement
les conduire à la ruine ; touché de ses pleurs,
il se remet à son métier de peintre-verrier ;
mais cet art, si florissant au quatorzième siècle, se mourait au seizième siècle, au contact
des idées païennes transmises par l'Italie.
Son ancienne splendeur était complétement
anéantie par les luttes issues des idées de ré-
forme ; par la dévastation des églises, par la
destruction des verrières, *que la main des
ouvriers habiles en l'art avait tracées.* Palissy,
huguenot, ne trouvait donc plus à exercer son
talent dans ces temples nus, quand, heureu-

sement pour lui, parut, en 1543, le mémorable édit de François Ier relatif aux salines des contrées maritimes de l'Océan ; édit qui prélevait un impôt exorbitant de trente livres tournois par muid, soit soixante francs par vingt-quatre hectolitres soixante-dix-huit litres, au lieu de sept sous six deniers payés autrefois par le Poitou, l'Aunis et la Saintonge. La grande renommée de Bernard Palissy en l'art de la *portraiture*, c'est-à-dire du lever des plans, attira sur lui l'attention de l'autorité qui le requit « *pour figurer les isles* « *et pays circonvoisins de tous les marez salans* « *dudit pays* », travail qu'il exécuta sous la protection de Louis de la Trémouille, vicomte de Thouars, comte de Taillebourg, que le roi avait envoyé pour réprimer le commencement de révolte suscitée par la rigueur de cet édit. « *Or, après que ladite commission fut para-* « *cheuée, ie me trouuay muny d'vn peu d'ar-* « *gent, ie reprins encore l'affection de pour-* « *suyure à la suitte des dits esmaux.* » Ce travail fort lucratif lui ayant rapporté, comme il le dit, un bon pécule ; l'espérance dans le cœur, il retourne à ses fourneaux, reprenant, avec une nouvelle ardeur, le travail momentanément interrompu. Caressant toujours sa chimère, il se remit de suite à la recherche de l'émail : l'espoir de sa vie, le sujet de ses tortures, le but de ses efforts. Après avoir mûrement réfléchi, examiné attentivement les résultats donnés par ses expériences antérieures, il en conclut que le manque de fusibilité de ses émaux provenait, non pas des matières par lui employées, comme il le pensait précédemment, mais bien du manque de chaleur que donnait le four du potier; aussi eut-il recours cette fois, pour une nouvelle cuisson, au four d'un maître verrier de Saint-Jean-d'Angély [1]. De suite, Palissy prépare et numérote environ trois cents tessons; il les recouvre d'une couche d'émail qu'il étend, à l'aide d'un pinceau. Il n'emploie rien moins que cent compositions différentes pour ce travail qui doit lui fournir de nouvelles données. N'ayant confiance qu'en sa personne, et craignant qu'on ne lui dérangeât son travail, il porta lui-même le tout au four, pour en surveiller attentivement la cuisson. A la tombée du jour, le fatal bûcher s'allume; nuit d'angoisses! nuit terrible! où l'espoir et la crainte font alternativement battre son cœur; où toute son âme semble transportée au milieu de cette fournaise ardente, maîtresse souveraine de sa destinée. Enfin, dès l'aube matinale, le feu cesse, le four se refroidit lentement et par degrés; longues et mortelles heures que celles passées ainsi dans l'attente!

[1] Saint-Jean-d'Angély, bourg distant d'une lieue et demie de la ville de Saintes.

Inquiet et anxieux, il se résigne cependant.
De minute en minute, les heures s'écoulent;
enfin le moment suprême arrive. Les épreuves sont tirées du feu. Oh ! bonheur inexpri-
mable ! il voit qu'une partie de ses drogues
ont fondu et *qu'une épreuve, entre autres, a
acquis la blancheur et le poli admirable qu'il
recherche* [1]. Ivre de joie, ses yeux s'obscurcis-
sent, une larme s'échappe de sa paupière et
sillonne sa joue ; une lueur d'espoir traverse
tout son être; pour lui s'élève l'aurore d'un
beau jour. Il lève les yeux vers le ciel et, dans
une fervente prière, rend hommage au Créateur : « *Dieu voulut, dit-il, qu'ainsi que ie com-
« mençois à perdre courage il se trouua vne des
« dites épreuues et que pour le dernier coup ie
« m'estois transporté à une verrerie, ayant auec
« moi plus de trois cents sortes d'espreuues qui
« fut fondue dedans, quatre heures après auoir
« esté mise au fourneau, laquelle espreuue se
« trouua blanche et polie, de sorte qu'elle me
« causa vne ioie telle que ie pensois estre deuenu
« nouuelle créature.* » Ce résultat inattendu
rend un moment de calme à cet esprit depuis
si longtemps torturé. Ce qu'il cherche ne fait
plus partie, pour lui, du domaine de l'inconnu; son rêve n'est plus une illusion; cette
épreuve obtenue, ce fragment insignifiant

---

[1] *Art de terre.* Discours admirable.

pour le vulgaire, résume en lui-même une
existence pleine de sacrifices et de labeur :
pour lui, ce morceau inerte, c'est la réalité.
C'est plus que la réalité, c'est la vie !

Avec une ardeur nouvelle, il réitère ses
essais, cheminant constamment de Saintes à
la verrerie. Ne pouvant abuser plus longtemps
de l'hospitalité que lui avait offerte avec tant
de désintéressement le maître verrier, il résolut de se construire un four. Ayant besoin
de faire en grand les expériences qu'il venait
de tenter en petit, il lui fallait, dorénavant,
sur des vases entiers déterminer le dosage
des substances entrant dans la composition
de cet émail. Pour cela faire, Palissy fut obligé
de devenir potier ; mais avant il dut se construire un four. Privé de toutes ressources,
sans argent, presque sans crédit, il ne put
employer d'ouvriers pour l'aider en cette rude
besogne. Animé de cette ardeur soutenant
l'homme dans les grandes entreprises, il se
mit à l'ouvrage : nous le voyons tour à tour
manœuvre et maçon, transportant sur son dos
briques et sable, puisant l'eau, gâchant le mortier qui devait lui servir à maçonner son four.
C'est courbé sous ce rude labeur qu'on le
trouve matin et soir, se refusant les quelques
instants de repos que réclame son corps endo-
lori. La construction du four achevée, des vases
deviennent nécessaires pour recevoir les

émaux; nul moyen de se les procurer sans
argent ; il faut donc se résoudre à les fabri-
quer soi-même. Qu'à cela ne tienne : l'ardeur
ne l'a pas encore abandonné ; son courage ne
faiblira pas au moment de toucher le but.
Dans ses doigts, il pétrit la terre, la façonne,
lui fait prendre une infinité de formes différentes, dont les contours harmonieux révèlent
déjà son talent de modeleur. Huit grands
mois se sont écoulés comme un jour au milieu
de ces pénibles travaux. Les pièces façonnées
ont subi la première cuisson, elles sont prêtes
à recevoir la couche d'émail appelée à dissi-
muler les aspérités de la terre, lui donner la
beauté, la couleur et l'éclat. Si ses vases sont
prêts, son émail ne l'est pas ; il faut enfin
broyer les matières avec lesquelles il avait obtenu ce beau blanc, au four des verriers. Privé
de repos, travaillant jour et nuit, un mois
entier se passe encore dans ces préparations;
il enfourne ces pièces couvertes d'émail; le
feu, allumé par les deux ouvertures du four,
fait entendre de sourds craquements. C'en
est fait : tout son avenir est de nouveau confié
au hasard; de la Providence seule dépend, en
ce moment, sa destinée. Au milieu de ce
foyer ardent, se trouve le fruit de neuf mois
de travaux surhumains. Six jours et six nuits,
il reste cloué à son fourneau, alimentant sans
cesse le feu; mais l'émail n'entre pas en fu-

sion. Il ajoute tour à tour du bois et du fondant ; rien ne bouge, l'émail étant mal composé. Fou de douleur, sans prendre nul repos,
sans laisser un seul instant refroidir son four,
il fabrique de nouveaux vases qu'il cuit et
enduit ensuite de nouvelles matières pilées et
broyées, dans lesquelles il fait entrer une plus
grande quantité de fondant ; puis il les place
au milieu de la fournaise. L'œil fixe et inquiet, il surveille avec terreur les progrès du
feu sur ces nouveaux essais. Mais, chose plus
horrible ! mille fois plus horrible pour lui que
la mort ! au moment décisif, le bois pour ali-
menter le feu vient à lui manquer. Éperdu,
accablé par le désespoir, couvert de sueur, les
yeux injectés de sang, il saisit tout ce qui se
présente à lui : palissades, meubles, tables,
escabeaux, plancher de sa chambre, etc., tout
va s'engloutir dans cet enfer ardent, dans
cette bouche béante, avide d'aliment. La ruine
est certaine ; seule, la mort peut le faire échapper au déshonneur, si le succès ne vient couronner ce dernier et sublime effort de la
volonté et de la persévérance. Dieu, cette fois,
en avait décidé autrement : l'émail entre en
fusion. Le secret est trouvé ; à Palissy, l'avenir ! à Palissy, la gloire !

« *Ie fus contraint brusler les estapes* (étais)
« *qui soustenoyent les tailles de mon iardin, les*
« *quelles estant bruslées, ie fus contraint brus-*

Faiences Charentaises

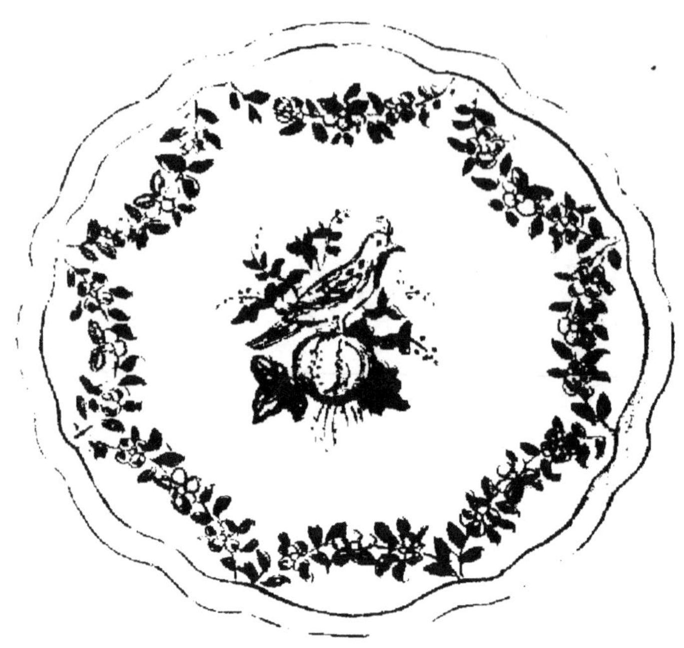

Coll^{on}. du D^r. WERNER

A ANGOULÊME

« *ler les tables et plancher de la maison, afin*
« *de faire fondre la seconde composition, iestois*
« *en vne telle angoisse que ie ne saurois dire :*
« *car iestois tout tari et desséché, à cause du*
« *labeur et de la chaleur du fourneau; il y*
« *auoit plus d'vn mois que ma chemise n'auoit*
« *seiché sur moy. Encores pour me consoler on*
« *se moquoit de moy et mesme ceux qui me*
« *deuoient sourir alloient crier par la ville que*
« *ie faisois brusler le plancher, et par tel moyen*
« *l'on me faisoit perdre mon crédit, et m'esti-*
« *moit-on être fol : Les autres disoient que ie*
« *cherchois à faire de la fausse monnoye, qui*
« *estoit un mal qui me faisoit seicher sur les*
« *pieds; et m'en allois par les ruës tout baissé*
« *comme vn homme honteux. Iestois endetté en*
« *plusieurs lieux, et auois ordinairement deux*
« *enfants aux nourrices, ne pouuant payer*
« *leurs salaires. Personne ne me secouroit, mais*
« *au contraire ils se mocquoyent de moy, en*
« *disant : Il lui appartient bien de mourir de*
« *faim, parce qu'il délaisse son mestier* [1]. »

Bien qu'imparfait, ce qu'il venait d'obtenir
cette fois lui avait fait entrevoir ce qu'il devait
atteindre dorénavant. Ses détracteurs, radou-
cis par les premiers résultats, furent moins
rigoureux envers lui; mais, sans argent, comment entreprendre le même travail ? par quel

---

[1] *Art de terre.* Discours admirable.

moyen se procurer les matières premières in-
dispensables à la réussite de la nouvelle opé-
ration qu'il allait encore tenter ? D'un autre
côté, sa femme le conjurait de renoncer à
cette entreprise, cause réelle de tous leurs
malheurs. Palissy fait tous ses efforts pour lui
faire entrevoir un avenir prospère ; en vain
essaye-t-il de lui persuader que l'heure de la
délivrance est proche ; que, maintenant, leur
futur bonheur ne saurait lui échapper. Rien
ne peut réconforter cette âme brisée par la
douleur physique et morale. Aucun écho ne
fait plus battre ce cœur de femme dont les
plus belles années se sont écoulées dans la
plus profonde misère; ce cœur de mère, sans
cesse déchiré par les lamentations de ses chers
enfants qui, à demi vêtus, lui demandaient
du pain.

Ferme dans sa volonté, plus résolu que
jamais, Palissy prend quelques moments de
repos, afin de redonner à son corps l'ardeur
nécessaire au rude labeur auquel il va le sou-
mettre de nouveau. « *Quand ie me fus reposé*
« *vn peu de temps auec regrets de ce que nul*
« *n'auoit pitié de moy, ie dis à mon âme :*
« *Qu'est-ce qui te triste, puisque tu as trouué*
« *ce que tu cherchois? trauaille à présent et tu*
« *rendras honteux tes détracteurs. Mais mon*
« *esprit disoit d'autre part : Tu n'as rien de*
« *quoy poursuyure ton affaire; comment pour-*

« *ras-tu nourrir ta famille et acheter les choses*
« *requises pour passer le temps de quatre ou*
« *cinq mois qu'il faut auparauant que tu*
« *puisses iouir de ton labeur ?* »

Comme on le voit, l'espérance ne faisait
pas défaut à notre intrépide chercheur, et son
ardeur, loin de se ralentir, redoublait à mesure qu'il approchait du terme de ses épreuves
et de ses maux. Pour préparer une nouvelle
fournée, éviter la perte d'un temps précieux,
il s'adjoignit un ouvrier potier devant, sous
ses ordres, confectionner les vases de terre
dont il avait besoin ; de son côté, il disposa
et broya les émaux destinés à la décoration
de ses vases. Ne pouvant faire partager à ce
nouvel hôte la trop grande frugalité de sa
table, ainsi que les éternels reproches de sa
femme, joints aux pleurs de ses enfants, il
dut obtenir crédit dans une taverne où il
installa son ouvrier. Dans ce travail prépara-
toire, six longs mois s'écoulèrent. au bout
desquels, faute d'argent, il fut forcé de con-
gédier son hôte, lui abandonnant, pour prix
de son salaire, ses propres vêtements. Ce
pénible incident n'était que le prélude d'un
autre plus terrible encore. Un nouveau four
était devenu indispensable : sans argent que
faire ? Rien, si ce n'est de démolir l'ancien
pour en reconstruire un neuf avec les vieux
matériaux.

Ce travail de géant, seul, il l'entreprend.
Rude et pénible tâche que celle-là ! La superficie du mortier et de la brique avait été
vitrifiée par le feu entretenu pendant six
jours et six nuits, pour obtenir sa dernière
cuisson. Ce fut, les mains meurtries, ensan-
glantées, qu'il acheva cette démolition dont
les matériaux devaient lui procurer les moyens
d'élever un autre four. Enfin, accumulant
prodiges sur prodiges, il arrive à ses fins. Le
voilà prêt à chauffer et à cuire.

La première fournée nécessaire pour donner
de la consistance à la terre, la préparer à recevoir les émaux, s'opère au gré de ses désirs.
Ses vases, enduits de matières vitrifiables,
sont placés dans le four pour la seconde cuisson, celle dont la vente doit lui permettre de
rendre une partie de l'argent qu'on lui a
avancé pour payer les matières premières
qu'ont exigées ses travaux, ainsi que pour subvenir aux plus urgents besoins de sa famille.
Cette somme s'élevait à « *six vingts escus* [1] ». Il
devait, d'après lui, retirer de cette fournée
quatre cents livres avec lesquelles il acquitte-
rait les dettes les plus criardes. Le résultat de
ses derniers essais lui fait pressentir une complète réussite ; déjà une lueur d'encouragement
semble avoir pénétré dans le cœur des plus

---

[1] Six vingt est ici employé pour cent vingt. Il y avait le petit
écu qui valait trois francs, et l'écu de six francs.

incrédules : le jour fixé, l'exécution enfin ve-
nue, le feu est allumé en présence de créanciers intraitables qui, les premiers, sont sur la
brèche, entourés de quelques curieux voisins.
Le terme fatal est arrivé ! s'il ne réussit,
l'infamie et l'opprobre s'attachent désormais
à son nom. Flétri par tous, la prison devient
son dernier asile, et la mort le terme de tous
ses maux. Hélas ! une dernière épreuve lui
était encore réservée ! En ouvrant son four, il
s'aperçoit que, sous la violence du feu, les
cailloux contenus dans le mortier avaient
volé en éclats, et que ces fragments de silex,
projetés sur toutes les pièces, y avaient
causé de grandes détériorations. Quant à
l'émail, il s'était entièrement fondu à point ;
les résultats obtenus étaient d'une si grande
beauté, que plusieurs des personnes présentes
voulurent en acheter. Des propositions lui
furent faites dans ce but ; mais la fierté de
l'artiste reprend le dessus et se révolte ;
Palissy ne peut livrer une œuvre imparfaite,
ce serait indigne de lui, ce serait ternir sa
réputation prématurée ; la misère est grande ;
que lui importe maintenant ? Sans pain pour
ses enfants ni pour lui, n'a-t-il pas pour eux
et pour lui l'avenir ? Sans hésiter un seul
instant, armé d'une barre de fer, il brise tout
ce qu'il venait d'obtenir, en présence de ses
créanciers, de ses voisins et de sa famille qui,

tous, l'accablent d'invectives et de malédictions. Sublime et glorieux effort d'une âme
fière et grande jusque dans sa pauvreté ! Voici
en quels termes Bernard Palissy dépeint sa
mésaventure : « *Le mortier de quoy iauois*
« *massonné mon four estoit plein de cailloux*
« *lesquels sentant la véhémence du feu (lorsque*
« *mes esmaux se commençoient à liquéfier, se*
« *creuerent en plusieurs pièces, faisant plu-*
« *sieurs pets et tonnerres dans le dit four. Or,*
« *ainsi que les esclats desdits cailloux sautoient*
« *contre ma besogne, l'esmail qui estoit desià*
« *liquéfié et rendu en matière glueuse, prit les-*
« *dits cailloux et les attacha par toutes les*
« *parties de mes vaisseaux et médailles qui,*
« *sans cela, se fussent trouuez beaux.* » Puis
il ajoute : « *Mais parce que ce qui eut esté vn*
« *descriement et rabaissement de mon honneur*
« *ie mis en pièces entièrement le total de ladite*
« *fournée et me couchay de mélancolie non*
« *sans cause, car ie n'auois plus moyen de*
« *subuenir à ma famille, ie n'auois en ma mai-*
« *son que reproches ; au lieu de me consoller,*
« *l'on me donnoit des malédictions. Mes voi-*
« *sins, qui auoient entendu cette affaire,*
« *disoient que ie n'étois qu'un fou.* »

D'un esprit perspicace, d'un génie réellement supérieur, Bernard Palissy avait com-
pris qu'il était arrivé au point où le succès
devait d'un jour à l'autre le dédommager de

toutes les peines qu'il avait endurées jusque-
là avec tant de calme et de résignation. Aussi,
en homme sensé, eut-il recours pour quelque
temps à son ancien métier de peintre-verrier
et d'arpenteur, qui, seul pour le moment,
pouvait lui permettre de subvenir aux premiers besoins que réclamait sa profonde indigence, tout en lui procurant l'argent nécessaire pour la continuation de ses travaux. De
nouvelles expériences tentées lui sont encore
défavorables. Cette fois, le caillou est rem-
placé par la cendre du foyer, soulevée par la
flamme, venant retomber sur les vases et
faire corps avec l'émail, dont elle ternit la
pureté et l'éclat. Ce créateur habile remédie
facilement à ce nouvel inconvénient, en
inventant des espèces de manchons en terre,
enfermant les vases et les protégeant contre
tous accidents extérieurs. Ce sont encore ces
manchons que l'on emploie actuellement à la
fabrication et qui sont connus sous le nom de
cazettes. Une autre fois, l'irrégularité de la
cuisson donne des poteries trop cuites ou
d'autres pas assez. Enfin les émaux sont
quelquefois trop fluides, ou trop épais. Parlant de toutes ces déceptions, Palissy nous
dit : « *Quand ieus bâtelé plusieurs années* (15
« ou 16 ans) *ainsi imprudemment auec tris-*
« *tesse et soupirs, à cause que ie ne pouuois*
« *paruenir à rien de mon intention et me sou-*

« *uenant de la dépense perduc, il m'en suruc-*
« *noît rn autre, lequel ie nusse iamais pensé.* »

D'expériences en expériences, il acquit fina-
lement la véritable science du chimiste, il
connut la manière de régler la conduite du
feu, sut le mélange, le dosage des émaux,
ainsi que leur puissance colorante. Enfin,
après bien des tracas, des insuccès, une
réussite complète vint couronner cette lutte
acharnée de la persévérance aux prises avec
la matière.

C'en était fait! l'heure du triomphe avait
sonné pour cette nature d'élite. Au nom de
maître Bernard Palissy, se joindra dorénavant le titre d'inventeur; et la gloire rejaillis-
sante de ses travaux inscrira désormais son
nom au temple de mémoire. Si la fortune,
cette déesse inconstante, ne l'avait point com-
blé de ses faveurs, en lui donnant la naissance
et la richesse, elle lui avait du moins fait don
du génie, qui procure l'immortalité. Rendant
hommage à ce patient et laborieux chercheur,
à cet homme dont l'énergie ne faiblit pas un
seul instant, durant les longues et pénibles
années qu'il traversa en poursuivant la
recherche de l'émail, nous ne pouvons nous
empêcher de nous demander si le résultat
qu'il obtint s'élevait bien à la hauteur des
sacrifices qu'il lui avait imposés; de regretter
même que tant de peines, de tourments et de

malheurs soient ainsi tombés sur un homme,
dont la volonté s'acharnait à poursuivre la
découverte d'un procédé connu chez tous les
peuples, et que l'Italie, l'Allemagne, la
France[1] même, avaient déjà employé, et em-
ployaient encore avec tant de succès. Oubliant
le but cherché, il ne faut envisager ici que les
efforts surhumains déployés par celui dont la
persévérance et la puissante volonté ont servi
de marchepied à sa gloire. Notre illustre
inventeur, maître dorénavant du secret qui
lui avait déjà coûté tant de labeurs et de
sacrifices se livra pendant quelques temps à
la fabrication des pièces jaspées, dont la vente
procurait assez d'argent pour subvenir aux
besoins matériels de sa maison et lui permet-
tait de poursuivre ses essais. « *Enfin, ie*
« *trouuay moyen de faire quelques vaisseaux*
« *de divers esmaux entremeslay en manière*
« *de iaspe : cela m'a nourri quelques ans tous-*
« *iours à passer plus outre auecques frais et*
« *mises.* »

Les émaux jaspés, comme on le voit, n'é-
taient pas le but que Palissy se proposait : il
fallait à son âme ardente un travail plus
savant, plus artistique. Cette faïence marbrée
n'était que le prélude de hautes difficultés.
Au métier de faïencier il résolut de joindre

---

l'art du modeleur ; de reproduire, au moyen
de la terre et de l'émail, les formes naturelles
et animées d'une partie des êtres les plus
humbles de la création. Son inclination pour
l'histoire naturelle, ses goûts, le portèrent
instinctivement à choisir, pour sujet principal
de l'ornementation de ses poteries, la repré-
sentation des coquillages dont il possédait à
fond une connaissance parfaite ; il parsema
le marly de ses plats d'une verdure luxuriante
d'où s'échappaient la couleuvre et le lézard
qui, tant de fois, dans ses longues heures de
mélancoliques promenades, avaient fui à
l'approche de ses pas. La souplesse de leur
corps, les replis arrondis de leurs innom-
brables anneaux, se prêtaient à merveille aux
exigences de la forme dont ils venaient rompre
et animer la monotonie. Enfin, tout ce petit
monde obscur et presque inconnu fut pour
lui un sujet inépuisable de décoration ; étu-
diant scrupuleusement la nature dans ses
formes et sa couleur, mariant avec un art
merveilleux dans ses splendides productions
la terre et l'onde ; peuplant l'une et l'autre
des créatures dont l'Être suprème les dota :
grenouilles, poissons, écrevisses, étalèrent
alors à nos regards leur carapace dorée, nous
représentant leurs ébats dans ces eaux transpa-
rentes et nacrées que l'éclat des émaux vient
encore rehausser ; tout fut mis en œuvre dans

ce travail nouveau auquel l'auteur donna lui-même le nom de *Pièces rustiques.*

Sublime enseignement ! ce profond philosophe plaçait ainsi directement la science sous les yeux des grands seigneurs, leur montrant, dans ces objets de luxe, la reproduction vivante de ces petits drames champêtres des êtres inférieurs et presque ignorés de la création, que nulle matière autre que la terre émaillée ne pouvait mieux interpréter et graver dans la mémoire. Mais pour arriver à la parfaite réussite de ces pièces, il eut encore bien des adversités : « *Quand ieus inuenté le* « *moyen de faire des pièces rustiques ie fus en* « *plus grande peine et en plus démuny qu'au-* « *parauant, car ayant fait vn certain nombre* « *de bassins rustiques et les ayant fait cuire,* « *mes esmaux se trouuoyent les uns beaux et* « *bien fonduz, autres mal fonduz, autres estoient* « *brulez, à cause qu'ils estoient composez de* « *diuerses matières qui estoient fusibles à diuers* « *dégrez : le verd des lezards estoit bruslé le* « *premier que la couleur des serpens fut fondüe,* « *aussi la couleur des serpens, escreuices, tor-* « *tues et cancres estoit fondue auparauant que* « *le blanc eut receu aucune beauté. Toutes ces* « *fautes m'ont causé vn réel labeur et tristesse* « *d'esprit, qu'auparauant que iaye eu rendu mes* « *esmaux fusibles à vn mesme degré de feu iay* « *cuidé entrer iusques à la porte du sepulchre.* »

Ce travail constant, cette application soutenue, l'avaient rendu d'une telle maigreur que rien ne tenait plus sur lui; son corps présentait l'apparence d'un squelette vivant, soutenu et animé seulement par l'espérance. Bien que ses poteries émaillées, ses pièces rustiques et ses statuettes lui rapportassent un peu d'argent et que leur beauté d'exécution les fît rechercher, il n'en absorbait pas moins le produit de leur vente à poursuivre ses recherches incessantes; aussi se trouvait-il toujours dans la plus grande gêne, ne pouvant se donner même le confortàble pour l'exécution de ses travaux : « *Iay este plusieurs an-* « *nées que n'ayant rien de quoy faire couurir* « *mes fourneaux, iestois toutes les nuits à la* « *mercy des pluyes et des vents, sans auoir* « *aucun secours, aide n'y consolation, si non* « *des chats huants qui chantoyent d'vn costé et* « *les chiens qui hurloyent de lautre*; *parfois il* « *se leuoit des vents et des tempestes qui souffloyent* « *que iestois contraint quitter le tout, auec perte* « *de mon labeur, et me suis trouué plusieurs* « *fois qu'ayant les pluyes qui estoyent tombees,* « *ie men allois coucher à la minuit ou au point* « *du iour accoustré de telle sorte comme vn* « *homme que l'on auroit trainé par tous les* « *bourbiers de la ville.* »

A force de labeur, le succès couronne les efforts de Bernard Palissy cherchant alors le se-

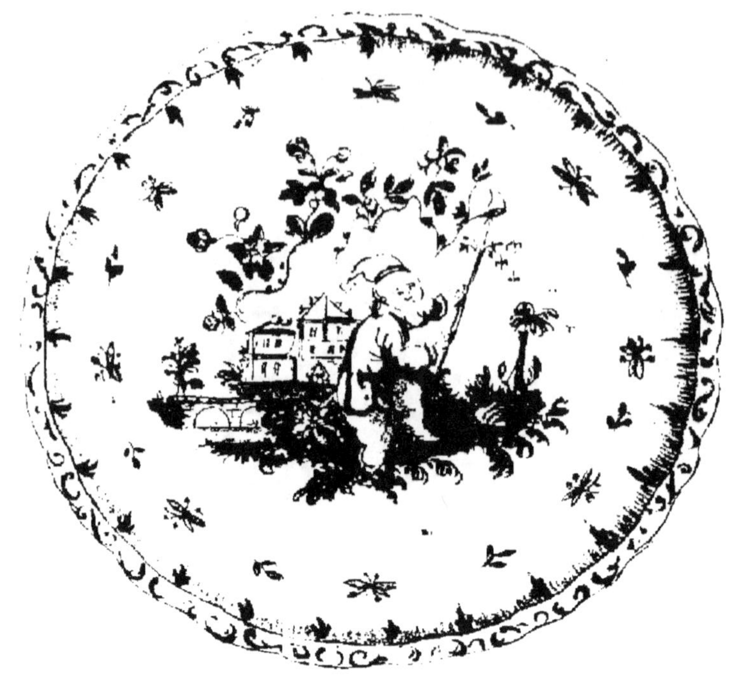

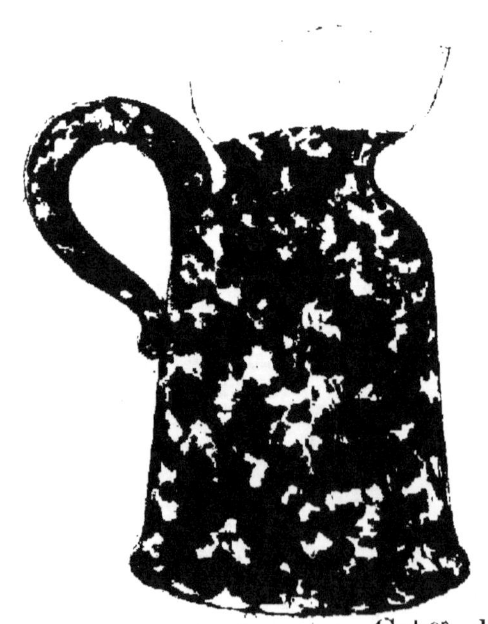

Coll^on. du Dr WERNER

A ANGOULÊME

cret de l'émail blanc. Non-seulement la science
se manifeste à qui la cherche ; mais encore
le hasard fait souvent que dans les essais le
succès dépasse les espérances. Telle est généralement l'histoire des grandes inventions
qui doivent leurs découvertes les plus précieuses à des circonstances imprévues, à des
effets parfois purement accidentels. La réussite avait enfin couronné l'œuvre de persévérance et de génie à laquelle Bernard Palissy
s'était voué tout entier. La beauté de ses
productions ayant attiré sur lui l'attention
des grands seigneurs, il vit bientôt ses poteries devenir à la mode et faire partie de l'ornementation des palais : prenant place sur
les dressoirs, à côté de la splendide vaisselle
d'argent, chefs-d'œuvre des anciens orfévres,
si justement renommés, et qui seule y trô-
nait depuis si longtemps en maîtresse souveraine. Les importantes commandes que lui
attira la perfection de ses émaux ramenèrent
bien vite la prospérité au logis, chassant l'af-
freuse misère ayant depuis de si longues
années pris une trop grande place à ce foyer
désolé, dont le chef luttait contre l'adversité
par un travail opiniâtre.

Venus d'en haut, le goût et l'amour des
arts se propagèrent rapidement. A l'exemple
du roi, les grands dignitaires et la foule nom-
breuse des courtisans recherchèrent les ou-

vrages du maître potier : passant de mains en
mains, ils devinrent l'objet de l'admiration
générale. Le sentiment du beau, révélé par
toutes ses œuvres, lui valut de hautes protec-
tions. Le génie qui anoblit l'homme et fait
circuler dans ses veines la confiance en soi-
même, qui donne la supériorité en rapprochant
les distances, avait élevé Bernard Palissy à
l'égal de tous ces nobles, dont il devint l'ami et
qui, à l'envi l'un de l'autre, mirent ses talents
à contribution pour l'embellissement de leurs
châteaux. C'est ainsi que le duc de Montpensier, gouverneur de la province, eut recours
à son art pour l'ornementation de sa demeure.
Le comte de Larochefoucauld, commandant
les troupes royales, ainsi que le connétable
de Montmorency, grand-maître de France,
que le roi avait envoyés en Saintonge pour
réprimer les troubles qui avaient éclaté, se
prirent d'affection pour l'*inventeur des rustiques
figulines* et le chargèrent de travaux considé-
rables dont il exécuta une grande partie,
notamment au château d'Écouen, situé à
quatre lieues de Paris. En 1563, Bernard
Palissy y construisit une grotte rustique de
son invention, comme nous l'indique un pas-
sage de ses écrits conçu en ces termes : « *Puis
« qu'il a pleu à Monseigneur ce connestable
« votre père, me faire l'honneur de m'envoyer
« à son service à l'édification d'vne admirable*

« grotte rustique de nouvelle inuention. ienay
« craint à vous adresser partie des talents que
« iay reçus de celuy qui en a en abondance. »

Puisque nous nous occupons des œuvres
du maître, citons encore les travaux qu'il
exécuta au château de Reuxan (en Norman-
die), près la ville de Pont-l'Évêque ; ceux du
château de Nesle, en Picardie, qui possédait,
entre autres pièces du maître, une superbe
tortue, connue sous la dénomination de vase
de Palissy : elle occupait la place d'honneur
au milieu du salon de M. le marquis de Nesle,
alors premier écuyer de MADAME, de laquelle
il tenait, fort probablement, ce somptueux
cadeau.

Revendiquons aussi, pour la gloire de notre
Picardie, la décoration de l'ancien parc du
château de Chaulnes, qui reçut la forte em-
preinte du génie de Palissy, et fut construit
sur le *plan de son jardin délectable* [1]. Les
arbres, dont la taille avait été exécutée d'après
les données du maître, présentaient une
longue enfilade de colonnes, conduisant au
temple de Diane. Les grottes, la pièce d'eau
et les jardins avaient été décorés et ornés de
ses rustiques figulines, dont la présence venait
ajouter un charme nouveau à toutes ces mer-

---

[1] Consulter les Œuvres de Palissy, son *Jardin délectable*.

veilles de la nature, que l'art avait astreintes
à sa capricieuse fantaisie. C'est dans les jadins
du château de Chaulnes, que Gresset [1] s'ins-
pira des charmantes idées figurant dans son
délicieux poëme de *la Chartreuse*; et c'est dans
son ermitage, auprès d'Amiens, qu'il composa
les vers gracieux de ce chef-d'œuvre poétique.

Le calme apparent venant de se faire dans
la vie de Palissy ne devait pas être de longue
durée. L'adversité, qui semblait un moment
l'avoir abandonné, allait encore le poursuivre,
lui infligeant de plus cruelles douleurs. Son
ardeur impétueuse, prompte à s'enflammer,
devait de nouveau l'entraîner dans de graves
embarras; son âme, avide de sensations, trouva
un élément nouveau dans la crise qui, à cette
époque, en ébranlant l'Europe entière, boule-
versait aussi la croyance de quelques peuples.
Homme de mœurs austères, ce disciple du
travail devint, de suite, un des premiers parti-
sans de cette secte nouvelle, donnant, suivant
lui, une légitime satisfaction au sens moral
des hommes, ne réclamant que l'enseignement du vrai christianisme, que la pure et
simple parole évangélique; n'ayant pour
but que la répression des excès, des abus, et
des scandales commis par le clergé, et de
supprimer la dîme, cette contribution forcée

---

[1] Né à Amiens en 1709, mort en 1777. Gresset fut le fondateur
de l'académie de cette ville.

qui, aux yeux des réformateurs, n'était autre
que l'asservissement du peuple, la spoliation
exercée impitoyablement par le clergé opulent
sur le peuple indigent, déjà écrasé par tant
de charges. La doctrine de Luther et de Calvin
n'eut pas grand'peine à pénétrer dans un
esprit aussi passionné que celui de Palissy,
et à y jeter de profondes racines. Se livrant
tout entier à l'étude de ces doctrines, il y fit
de rapides progrès, et en devint un des plus
ardents sectaires. S'associant à d'autres
adeptes, il fut bientôt un des principaux mi-
nistres de l'Église réformée qu'il fonda dans
la ville de Saintes, où ses connaissances naturelles, jointes à son érudition profonde, à son
éloquence persuasive à prêcher la parole de
Dieu, lui attirèrent une foule considérable de
nouveaux néophytes.

Il produisait un tel effet sur son auditoire
que l'évêque de Saintes, Tristan de Bizet,
aumônier de Henri II, s'en émut et se mit à
parcourir son diocèse, cherchant, par des
paroles insinuantes, à raffermir la foi dans
les cœurs ébranlés et à opposer une digue
aux ravages de l'hérésie, tendant à envahir
toutes les âmes confiées à sa garde. De
1557 à 1563, Palissy ne fit qu'augmenter sa
réputation et attirer sur lui tous les regards,
par le zèle qu'il déployait pour le parti protestant, et aussi par la perfection de ses pro-

duits céramiques. Le sieur de Boissy, grand
écuyer de France, de l'illustre maison Gouffier,
semble avoir été le premier Mécène de ses
ouvrages.

La royauté restée d'abord étrangère à ces
agissements, se voyant maintenant débordée
et menacée dans le principe même de son
autorité, ouvrit les yeux sur les menées des
protestants. Ne pouvant réprimer ce débor-
dement, le roi redoubla de rigueur, et l'édit
que Henri II décréta, à Écouen, au mois de
juin 1559, jeta l'alarme parmi les religion-
naires. Cet édit sévère punissait de mort le
crime d'hérésie, défendant aux juges de ré-
duire la peine. En 1562, l'exécution en fut
ordonnée par le parlement de Bordeaux. Cette
mesure sévère plaçait dorénavant la vie des
réformés entre les mains des juges royaux,
et ceux-ci, sans appel, avaient mission de les
conduire à la mort. Le péril était imminent,
et Bernard Palissy, comme ministre de cette
religion, devait fatalement devenir une des
premières victimes de ce terrible édit. Le duc
de Montpensier, informé du danger que cou-
rait ce grand artiste, lui envoya de suite un
sauf-conduit. Le comte de Larochefoucauld,
de son côté, ordonna que son atelier fût dé-
claré lieu de franchise. Mais, au mépris de
ces ordres, la jalousie aidant, les juges s'em-
parèrent de Palissy et le traînèrent en prison.

Son atelier, érigé en partie au frais du connétable, fut entièrement détruit. Menacé de
mort, il ne dut son salut qu'à la protection
du comte de Larochefoucauld, du sire de Pons
et du baron de Jarnac dont les efforts réunis
parvinrent à le tirer de ce mauvais pas.
S'il conservait momentanément la vie sauve,
la liberté ne lui était pas moins ravie, car,
enlevé pendant la nuit, on le transféra dans
les prisons de Bordeaux; là, il fut encore
menacé d'une nouvelle exécution, quand le
connétable présenta aux juges un placet que
la reine mère avait obtenu du roi. Tout en
lui sauvant la vie, ce placet lui rendait la
liberté et, de plus, lui conférait des lettres
de privilége avec le *Brevet d'inventeur des
rustiques figulines du roi et de la reine mère*,
l'enlevant ainsi à la juridiction du parlement
de Bordeaux.

Ne pouvant plus maintenant habiter la ville
de Saintes, odieuse pour lui, tant à cause
des malheurs et des mauvais traitements qu'il
y avait endurés, que pour échapper aux vexa-
tions et aux sarcasmes continuels auxquels il
était journellement en butte, et que le fana-
tisme et l'ignorance ne lui épargnaient pas,
il se rendit à la Rochelle, ville dans laquelle
il publia, en 1563, son premier ouvrage portant pour titre : *Réceptacle véritable par lequel
tous les hommes de France pourront apprendre*

à augmenter leurs trésors, et aussi son *Jardin délectable* (le parc de Chaulnes), véritable séjour enchanteur, tenant tous ses agréments de l'union de l'art et de la nature. Ces travaux élaborés sans doute pendant les longues heures de sa captivité, renferment les pensées les plus intimes de l'auteur; c'est le miroir fidèle, réflétant son véritable caractère. Libre-penseur, les persécutions n'ont en rien ébranlé sa manière de voir et d'agir. Fort de lui-même, confiant dans sa propre expérience, tout en dédiant son livre à ses protecteurs : à la reine mère, au connétable de Montmorency et au fils de ce dernier alors gouverneur de Paris, il ne craint pas de leur adresser des conseils, de leur révéler le secret qu'il a trouvé et à l'aide duquel *la France, grâce à lui, pourra désormais récolter quatre millions de boisseaux de grains de plus chaque année.*

Dans la préface de son livre intitulé *Réceptacle véritable*, etc., et dédié à sa protectrice Catherine de Médicis, il s'exprime en ces termes :

« *Madame, vous m'avez protégé, vous m'avez*
« *sauvé de mort, qu'avais-je fait? Je pourchas-*
« *sais le bien des hommes, le plus grand bien*
« *qui leur pouvait advenir. Aussi, voyant une*
« *telle ingratitude, je suis rentré en moi-même,*
« *j'ai fouillé les secrets de mon cœur pour sa-*
« *voir s'il y avait en moi quelque ingratitude*

« *comme celle de ceux qui voulaient me livrer*
« *à la mort. Alors, je me souvins du bien que*
« *vous m'avez fait, et je vous dédie ce livre.*
« *Dieu m'a donné plusieurs inventions dont je*
« *pourrais vous faire service. Éloigné de vous,*
« *retenu par mon indigence, je n'ai pu vous les*
« *faire entendre. Vous les trouverez contenues*
« *en ce livre. Elles tendent à multiplier les*
« *vertus et les biens de tous les habitants du*
« *royaume, comme elles pourront, en particu-*
« *lier, servir à l'édification de votre jardin de*
« *Chenonceaux.* »

En présence du connétable de Montmorency,
son éloquence ne faiblit pas : avec une auda-
cieuse fierté, privilége exclusif des âmes nobles
et généreuses, il sait, tout en donnant des
conseils à ce cruel ennemi des protestants,
s'attirer sa clémence. Apprenant au connétable
le motif de sa condamnation, la sauvegarde
qu'il avait obtenue du duc de Montpensier, la
déclaration de son atelier comme lieu de franchise, son emprisonnement, etc. : « *Je sais,*
« lui dit-il, *qu'il vous saura très-bien souvenir*
« *en temps et lieu, et que votre œuvre vous coû-*
« *tera davantage pour le tort qu'ils vous ont fait*
« *en ma personne. Toutefois j'espère que, sui-*
« *vant le conseil de Dieu, vous leur rendrez le*
« *bien pour le mal, et quant à moi, je tâcherai*
« *de reconnaître dans mon art le bien qu'il vous*
« *a plu de me faire.* »

4.

Paris, la ville du progrès et du luxe, renfermant en son sein tout ce qu'il y a de grand et d'illustre, avait eu connaissance des succès de Bernard Palissy. De son côté, l'inventeur des rustiques figulines abandonnait la Rochelle pour diriger ses pas vers ce foyer de l'intelligence et du savoir, portant dans la vaste capitale son génie fécond. Émerveillé de tant de chefs-d'œuvre réunis, nous le retrouvons contemplant et admirant tour à tour les productions que les grands artistes italiens ont laissées à la France [1] ; son goût, déjà formé par l'étude approfondie de la nature, s'épura et s'éleva encore au contact de ces grands maîtres. Jean Goujon, son coréligionnaire, contribuant comme lui en ce moment à l'embellissement du Louvre, lui communiqua cette élégance, cette pureté de lignes, cette richesse d'ornementation se réflétant dans toutes les productions de l'École italienne. Son art de terre se ressentit bientôt de ce milieu artistique dans lequel il vivait.

La bataille de Saint-Denis, en 1567, lui ayant ravi son protecteur le comte de Montmorency, il eut recours à Catherine de Médicis, la grande protectrice des arts. Cette puissante reine n'abandonna pas celui qu'elle avait déjà qualifié du titre d'*Inventeur des*

---

[1] Les Œuvres de Léonard de Vinci, Andrea del Sarto, le Primatice, le Rosso, Benvenuto Cellini.

rustiques figulines du Roi et de la Reine mère.
Employant alors son talent de céramiste pour
la décoration des *Tuileries* qu'elle faisait construire, elle lui procura, pour qu'il fût plus au
centre de ses travaux, un logement dans le
château où il établit ses fours (dont de récen-
tes découvertes nous ont indiqué l'ancien emplacement), ce qui lui valut de plusieurs auteurs le surnom de Bernard des Tuileries. Ces
travaux, trop importants pour un seul homme,
le forcèrent à se faire aider par ses deux fils,
Nicolas et Mathurin. Cette adjonction lui per-
mit d'exécuter toute une série de pièces de
petite dimension, destinées à l'ornementation
des appartements et à la décoration des dressoirs.

Comment Palissy, l'artiste huguenot qui
devait être une des premières victimes de
cette journée néfaste de la Saint-Barthélemy
(1572), échappa-t-il au danger le menaçant et
qui atteignit tant de ses coreligionnaires?
Quelles furent les âmes compatissantes qui
arrachèrent à l'horreur de ce massacre l'existence de cet homme précieux pour les sciences
et les arts? Nous l'ignorons encore. Son séjour dans le château des Tuileries fut-il la
cause d'un oubli? ou le roi lui-même, ainsi
que la reine mère, s'intéressèrent-ils à son
sort, dans ce terrible instant, en le tenant
éloigné du péril?

De même qu'Ambroise Paré fut, en ce jour, sauvé de la mort par Charles IX, de même aussi Palissy dut-il la vie à son art et à ses talents ?

L'organisation de ce vaste génie trouvant Paris un théâtre digne de lui, pour l'enseignement des connaissances qu'il avait acquises pendant ses longues méditations, résolut de faire partager aux autres le fruit de ses études, de ses recherches. A ce sujet, il créa des conférences auxquelles il convia les hommes les plus éclairés de son temps, afin de leur apprendre les diverses théories scientifiques qu'il avait découvertes, fournissant des preuves naturelles de tout ce qu'il avançait, par une série d'objets provenant de ses nombreuses recherches, et dont il avait formé le premier cabinet d'histoire naturelle existant à Paris. Ces cours, auxquels assistèrent les plus grands docteurs, chimistes, philosophes de la capitale, furent inaugurés en 1575 et se terminèrent en 1584. Pendant ces neuf années d'exercice, Palissy sut retenir et captiver son auditoire par le charme imagé de sa séduisante parole.

En 1580, il publiait son ouvrage portant pour titre : *Discours admirable de la nature des eaux et fontaines, tant naturelles qu'artificielles; des métaux, des sels et salines, du feu et des esmaux; avec plusieurs excellents secrets*

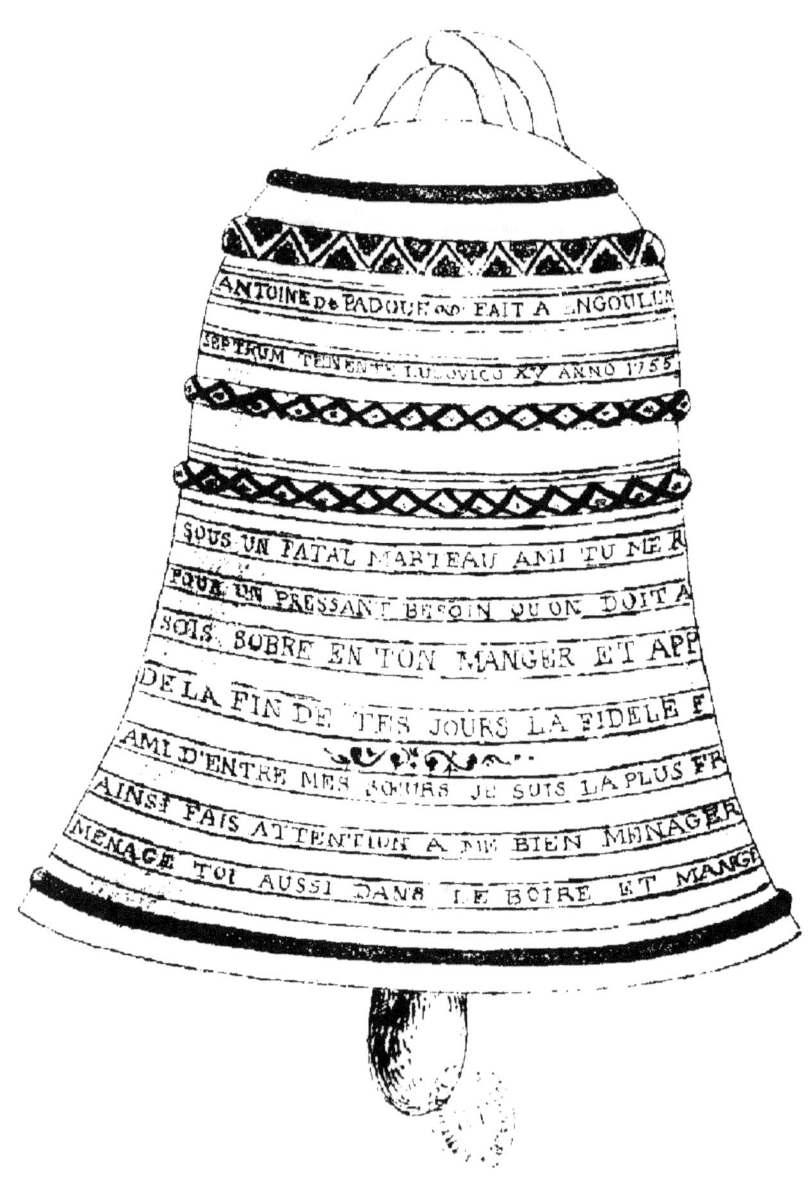

Coll⁰. du D⁰. **WERNER**

ANGOULÊME

des choses naturelles ; plus, un traité de la marne, fort utile et nécessaire pour ceux qui se mêlent de l'agriculture ; le tout dressé par dialogues, esquels sont introduites la théorie et la pratique. C'est dans ce même ouvrage que nous puisons les principaux passages que nous citons ici et dans lesquels l'auteur raconte, en termes émouvants, la lutte terrible qu'il eut à soutenir pendant les quinze années qu'il passa à la recherche de l'art de terre.

Cette vie pleine d'abnégation et de sacrifice, écoulée au milieu des tourments de toute sorte, cette vie d'un homme sans cesse plus préoccupé du bien-être de ses semblables que de ses propres besoins, devait se terminer sur les dalles froides et humides d'un cachot.

En 1587, la Bastille ouvrit et referma ses portes sur ce noble vieillard, dont le seul crime avait été de rester fidèle à ses croyances religieuses et de persévérer dans la foi inébranlable l'ayant soutenu dans sa longue carrière.

Pendant son emprisonnement, Mathieu de Launay, l'un des seize[1], sollicitait qu'on menât au spectacle public (à la mort) le vieux Bernard Palissy, l'inventeur des poteries excellentes ; mais le duc de Mayenne fit prolonger son procès et le sauva de la mort violente à laquelle on voulait le vouer. Pour achever

---

[1] Principaux chefs des ligueurs de Paris.

d'esquisser le portrait de cette âme noble et
fière, nous terminons la vie de cet illustre inventeur par le récit (d'après d'Aubigné [1]) de
l'entrevue qu'il eut avec le roi Henri III.

« Que direz-vous du pauvre potier, maître
« Bernard, à qui le roi parla un jour en cette
« sorte : Mon bonhomme, il y a quarante-cinq
« ans que vous êtes au service de la reyne ma
« mère et de moi. Nous avons enduré que
« vous ayez vescu en vostre religion parmi les
« feux et massacres ; maintenant, je suis tel-
« lement pressé par ceux des Guises et par
« mon peuple qu'il m'a fallu, malgré moy,
« vous mettre en prison, et si vous ne vous
« accommodez sur le fait de la religion, je
« suis contraint de vous laisser entre les mains
« de mes ennemis... et demain vous serez
« brûlé.

« — Sire, répond Bernard, vous m'avez dit
« plusieurs fois que vous aviez eu pitié de
« moy, mais moy i'ai pitié de vous qui avez
« prononcé ces mots : *Je suis contraint;* ce
« n'est pas parler en roy ! Iestois bien tout
« prest de donner ma vie pour la gloire de
« Dieu si c'eust été avec quelque regret, certes
« il seroit esteint, en ayant ouï prononcer à
« mon grand roy : *Je suis contraint.* C'est ce
« que vous, Sire, et tous ceux qui vous con-

---

[1] D'Aubigné, *Histoire universelle* (liv. II, chap. Ier), et *Confes-
sion de Sancy.*

« traignent, ne pourrez iamais sur moi, parce
« que ie scai mourir. »

Reculant devant ces paroles de défi, Henri III,
ce roi méprisable, corrompu et odieux, hésita
devant la pensée de teindre de nouveau sa
conscience du sang de ce noble vieillard aux
cheveux blancs, que la mort ne tarda pas à
délivrer des fers de la Bastille.

Ainsi se termina, à l'âge de quatre-vingt-
dix ans, dans toute l'horreur d'un cachot, la
vie de l'illustre inventeur dont s'honore la
France, et qui, par ses œuvres et son génie,
a su, au temple de l'immortalité, inscrire son
nom au milieu d'une auréole de gloire.

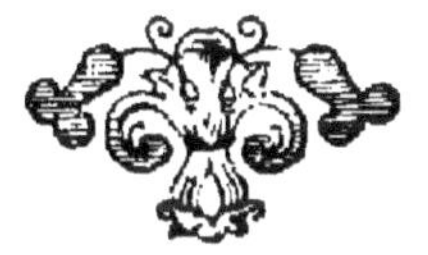

CHAPITRE VIII

**Brizambourg, la Chapelle-des-Pots, Marans et la
Rochelle (Charente-Inférieure).**

BRIZAMBOURG (Charente-Inférieure).

Pendant que Palissy poursuivait ses recherches, les potiers de Brizambourg n'en conti-
nuaient pas moins à fournir au public leurs
poteries monochromes vert de cuivre, ou
celles agatisées, ainsi que leurs terres sigillées.
Cette antique fabrication remontait bien avant
1600.

M. Benjamin Filon, dont l'érudition profonde sur cette matière ne peut être mise en
doute, nous apprend qu'en 1600 un nommé
Enoch Dupas se trouve mentionné dans un

acte notarié comme maître faïencier de Brizambourg [1].

LA CHAPELLE-DES-POTS, près Saintes
(Charente-Inférieure).

Ce fut à la Chapelle-des-Pots, où se fabriquaient les mêmes poteries qu'à Brizambourg, que Palissy se procura les premiers tessons destinés à recevoir les différentes matières devant lui indiquer la composition des émaux. Il eut aussi recours au four de ce même potier pour essayer de cuire ses premiers essais : mais la chaleur, par trop faible, n'en fit entrer aucun en fusion. Après diverses tentatives infructueuses il dut renoncer à l'emploi de ces fours, pour renouveler ses expériences dans celui d'un verrier dont les fours étaient situés à Saint-Jean-d'Angely, à une lieue et demie de la ville de Saintes.

---

[1] Voir cet acte dans le remarquable ouvrage de cet auteur, portant pour titre : « *L'Art de terre chez les Poitevins, suivi d'une étude sur l'ancienneté de la fabrication du verre, en Poitou* », par Benjamin Filon. Niort, 1864.

MARANS (Charente-Inférieure).

CARACTÈRES GÉNÉRAUX

Pâte. — La pâte de ces faïences est composée d'une terre tendre, très-légère, prise à l'ile d'Elle, près Marans.

Émail. — L'émail en est fin, blanc et pur, parsemé quelquefois de petits points au revers des pièces.

Formes. — Les formes en sont souvent empruntées aux anciennes faïences rouennaises ; elles en reproduisent les beaux dessins-dentelles, arrangés et reliés ensemble par une composition toute spéciale à cette fabrique, s'éloignant complétement du genre rouennais tout en s'harmonisant avec lui. Le décor est aussi généralement plus sec et plus dur que celui du rouen. Marans a également imité le genre du strasbourg et celui du marseille, avec lesquels ces produits sont souvent confondus, tant la copie est exacte avec l'original : la marque seule peut servir de guide à cet égard.

On fait remonter la fabrique de Marans au milieu du dix-huitième siècle, bien avant celles de la Charente. Son premier fondateur, en **1740**, fut un nommé Pierre Roussenq, natif de Bordeaux. L'exécution soignée des produits de cette fabrique, la finesse de son émail, la ressemblance parfaite de son décor avec celui du rouen, du strasbourg et du marseille, dénote une usine dirigée par un homme capable et intelligent, ayant su s'attirer des ouvriers provenant des premières fabriques de ces différents centres.

Une fontaine du musée de Sèvres est signée MARANS 1754. Elle porte aussi le monogramme

Au musée de Rouen se trouve un bénitier (don de M. Alfred Darcel), couvert d'un décor polychrome à guirlandes genre Rouen.

D'autres pièces en camaïeu violet sont marquées en noir **M** ou *M*.

Un curieux spécimen de cette fabrique se trouve aussi dans la collection de M. Ch. Lair, à Paris. D'autres pièces marquées, (genre Strasbourg), font partie de la collection de M. Saint-Ange Portelet à Epernay. A la mort de Pierre Roussenq, en 1756, l'usine de Marans fut transportée à la Rochelle.

LA ROCHELLE (Charente-Inférieure).

Différentes usines avaient essayé de se créer à la Rochelle pendant le dix-septième siècle ; mais des difficultés suscitées par le commerce contre ces priviléges, avaient empêché leur réussite.

Enfin, dans les premières années du dix-huitième siècle, un nommé Jacques Bornier réussit à fonder une manufacture qui fonctionna jusqu'en 1735. Reprise en 1743 par Jean Briqueville, de Marans, cette usine devint prospère tant par la régularité de ses travaux que par l'habileté de son chef.

Sa marque se composait des initiales I. B. Ioan (Jean) Briqueville.

Le décor spécial de cette fabrique consistait dans des imitations du décor des faïences de Strasbourg, fleurs et Chinois ; des tons vifs et criards ne rappelant en rien la pureté et la douceur des couleurs employées par les Hannong en faisaient le principal ornement. Quelques pièces reçurent aussi des ornements en relief émaillés de ces mêmes couleurs.

On peut, en résumé, classer ces produits dans la catégorie des faïences communes.

Une soupière provenant de cette fabrique

se trouve dans la collection de M. Poterlet, à
Epernay, ainsi qu'une assiette portant la
marque I B au musée de Sèvres. A l'exposition rétrospective de Montauban, M. Serres
avait mis deux vases ornés de fleurs en haut
relief dans le goût de Saxe, signé LA RO-
CHELLE, 1777.

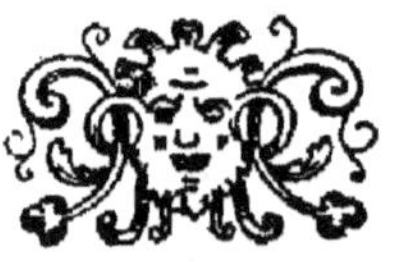

TABLE DES MATIÈRES

CLASSEMENT DES PLANCHES

Évreux, Ch. Hérissey imp. — 778.

www.ingramcontent.com/pod-product-compliance
Lightning Source LLC
LaVergne TN
LVHW021857170726
843503LV00003B/1270